上海高校"立德树人"人文社会科学重点研究基地
华东师范大学语文教育研究中心项目成果

# "荟"阅读 九年级 下册

丛书主编 王意如

本册主编 吴钟铭

编写人员 吴钟铭 蒋白鹭 黄映 陆燕 刘璐 叶茜雯

上海教育出版社

# 目 录

## 第一单元　生活百态

002　老街汉子
004　独臂先生
006　花匠老丁
008　莲池老人
011　桥边的老人
013　陆地上的船长
015　青衣花旦
017　异乡人的花园
019　混子

## 第二单元　谈文论艺

咬文嚼字　　　　　　　　022
谈中国诗　　　　　　　　026
陆游与辛弃疾　　　　　　030
读书的艺术　　　　　　　032
我看舞蹈的美　　　　　　037
论言谈　　　　　　　　　040

## 第三单元　戏剧人生

043　三块钱国币

053 茶馆（节选）
072 北京人（节选）

## 第四单元　芳华如歌

| | |
|---|---|
| 我召唤青青的小树林 | 084 |
| 我为少男少女们歌唱 | 085 |
| 写给云 | 087 |
| 色彩 | 088 |
| 青春万岁（序诗） | 090 |
| 致橡树 | 091 |
| 纸船 | |
| ——寄母亲 | 094 |
| 长江 | 095 |
| 雨说 | |
| ——为生活在中国大地上的儿童而歌 | 097 |
| 星星变奏曲 | 099 |
| 祖国 | 101 |
| 黑人谈河流 | 103 |
| 大堰河 | |
| ——我的保姆 | 104 |
| 老虎 | 109 |
| 西风颂 | 111 |
| 雪 | 115 |
| 银杏 | 116 |

|  |  |
|---|---|
| | 春天，遂想起 119 |

## 第五单元　事事关心

| | |
|---|---|
| 123 | 传统文化与文化传统（节选） |
| 126 | 千篇一律与千变万化<br>——音乐、绘画、建筑之间的通感 |
| 129 | 书<br>——知识的大厦 |
| 131 | 青年在选择职业时的考虑（节选） |
| 134 | 窗 |
| 137 | 论握手 |

## 第六单元　浩然正气

| | |
|---|---|
| 我善养吾浩然之气 | 140 |
| 太史公自序 | 141 |
| 西门豹治邺 | 143 |
| 谏太宗十思疏 | 145 |
| 送李愿归盘古序 | 147 |
| 童区寄传 | 149 |
| 喜雨亭记 | 150 |
| 病梅馆记 | 152 |

# 第一单元
# 生活百态

　　小说承载着现实和想象的世界,或直接或隐晦地诉说着人生百态、世事变迁。它像生活的导师,在呈现故事的同时为读者留下意味深长的道理。这道理不是枯燥的条文,也不是冷漠的说教,而是让你从故事中去获得发现和感悟,教会你自省。

　　在本单元中,我们会看到很多篇幅短小、情节简洁、人物集中、结构精巧的短篇小说。作者往往善于抓取一个富有典型意义的生活片段,着力刻画主要人物的性格特征,反映生活的某一侧面,使读者"借一斑略知全豹"。

# 老 街 汉 子

牛五每天清晨在薄雾中跺着青石板从老街南头的葫芦大院向街中的钟鼓楼走来。钟鼓楼下马家羊肉汤馆刚好肉烂汤肥，牛五是第一个顾客。一碗肥汤，两个火烧馍泡进去，汤上漂着一层红红的辣椒油。牛五一边摇头晃脑地吹着，一边顺着碗沿呼噜呼噜地喝着。肥汤下肚，热气便往脸上蹿，额头便渗出细汗。牛五惬意地抹抹嘴，伸伸双臂。此时太阳正好担在钟古楼的檐角。

牛五回到院中。嫂子说，五子，你退伍回来三个月了，该出去找点事做啊。牛五晃着脑袋，那哪儿行啊，我是大军区给司令员做过警卫的，不能给首长丢脸，我就不信没人来请我。

还真有人来请牛五。宏发公司金老板是做电料生意发家的，专程到葫芦大院找牛五：跟我干，月薪两千。

周末，金老板急匆匆叫上牛五，说揽了笔大买卖。这次一定要把宋处长打发好，他就爱喝酒，喝痛快了，单就签了。300 万啊，够咱吃一年了。牛五拍拍胸脯，那还用说。

老街水席远近闻名，始于唐朝，因上菜是一道一道往桌上端，吃完一盘撤下去再上另一盘，如行云流水一般，而且几乎道道菜都带汤，干稀有致，汤随菜走，故此得名。一张八仙桌，四人各居一端，一瓶杜康酒分倒进四个杯子。

宋处长兴致勃勃：怎么，带着保镖壮胆啊。不就是四瓶杜康嘛，来！

金老板对牛五说，五子，喝！

牛五说，老板，那不行，我不能空着肚子喝酒。

金老板说，好，先上盘蒸馍，韭黄炒肉丝，让我这小兄弟垫巴垫巴。

馍、菜端上。牛五拿起一个蒸馍从中间掰开，夹进韭黄肉丝，大口大口地吞嚼。很快，五个馍就没了踪迹。客人看得眼都直了，好胃口，好胃口。

五子，饱了没？

老板，饱了。

---

本文作者刘建超，选入时有删改。

好,把酒干了。

那不行啊,我吃饱了是不喝酒的。

金老板嘴都气歪了,饿了你不喝饱了你也不喝,你啥时候喝?

牛五说,部队不准喝酒的,要关禁闭的。

金老板火了,你滚,你给我滚!

老板,我不能走。你干,醉了我背你回家。

金老板喝得醉成一堆烂泥,还真是牛五把他背上五楼的家的。

丢了一宗买卖,金老板气得躺了两天。找了个借口,他派牛五去公司门岗做警卫,做了警卫的牛五每天也很神气,雄赳赳气昂昂的。

金老板对牛五也没说什么,态度是大不如从前,后来就拖欠工资。三个月后,金老板愁眉苦脸地对牛五说,公司经营不景气,外欠款也讨不回来。K 公司讹了咱的 30 万元货,两年了一分钱也没给。一帮子无赖,没人敢去。你若能讨回来,30% 提成,讨不回来你也就另谋高就吧。牛五说,那还用说,我明天就去。

K 公司的办公楼气派豪华。K 公司的老板听说牛五是来讨账的,就呵呵地笑,你还来讨账啊,看你大老远来的,也挺辛苦,到财务支 500 块回去吧。牛五说,我不要 500 块,我要 30 万呢。老板收敛了笑脸说,你恐怕还不知道我 K 公司在本市的影响吧,走吧,我手下的弟兄脾气有些不好。别惹他们不高兴啊。说着从门外就进来两个高出牛五一头的彪形大汉,牛五啥也不说扭头就走。

下午,牛五背了个编织袋又来到 K 公司。牛五从袋中倒出一堆红砖,老板吓了一跳,立即叫来两个保镖。保镖正要上前,就见牛五蹲下身,拿起一块砖一掌劈下,砖便断为两截。保镖怔住了,不敢靠前。牛五连劈五块砖,脸不红气不喘。随即左手拿起半块砖,右手中指尖顶在砖面,只见红色的粉尘纷纷扬扬,顷刻间红砖就被手指钻透。牛五连钻五块砖,还是脸不变色心不跳。牛五抽出一截铁丝,将钻透了的砖块穿成一串,这才缓缓站起身,拍拍手掌:我初来乍到也没啥送老板的,这串项链算是见面礼。说罢,他用脚尖挑起铁丝,小腿一抖,一串砖便挂到墙角的衣架上。

30 万元的汇票放在金老板的面前,金老板张大了嘴。

牛五说,我知道老板对我好,可我不适合在这儿干。没帮你做啥事又不好意思离开,今天我可以告辞了。

金老板拿出 10 万元,五子,这是给你的。

牛五摇摇头,欠我的工资给我,公司的钱我一分不要。

### 阅读导引

一看牛五给司令员做过警卫，不愿意屈身找工作，要等人来请，似乎有些端着架子；二看牛五陪酒，金老板请他上班，对他有所期待，没想到他空着肚子不喝酒，吃饱了饭也不喝酒，有点耍赖；三看牛五讨债，一身武艺，既让人目瞪口呆，又让人佩服。本以为故事到此为止了，没想到他拒绝了10万元报酬，只拿自己的工资，让人惊讶之余却回味再三。

请认真阅读文章，试分析小说情节转折对于刻画牛五人物形象起到了什么作用。请细读文中牛五在讨债时展示武艺的描写，想想这些表现起到了什么作用。

# 独 臂 先 生

药都自然出名医，何况又是华佗的后代。华济生一出诊便闻名百里。

到了四十岁上，更是妙手回春。不敢说药到病除，但只要不是死症就没有他治不了的。当时病人及家人们有这样一说：华先生说没治了，死时都是笑着的。这意思很明显，华先生是不会误诊的。他治不了的病，就是命该如此了。

华济生从此也更加自信，整个儿圣祖华佗再生。

这一天，华先生刚开大门，便见一辆载一瞎眼老妇人的独轮车停在门前。推车的汉子见华先生出门，跪倒便拜："请华先生救救俺娘。"

华济生先观了一下老妇人铁青的脸色，看了舌苔，把脉片刻后，停了少顷，起身向门外走去。

汉子一步跟上："我娘的病咋了？""别说了，快回去弄点老人喜欢吃的，别亏了她的嘴，这就算你尽孝了。"说着掏出一把钱递过来。

"天底下没有治不好的病，我不信俺娘不行了。"汉子接过来的铜钱又撒了一地。

"孩啊，推我回吧，华先生说了，我就认了。"瞎眼老妇人呻吟着。

---

本文作者杨小凡。

"什么神医！"汉子仍然不服气地嚷道。

"这是断肠疗，眼下大肠都烂了，神仙也是治不好的。"华济生劝慰说。

"要是有人能治好，我砸你的招牌。"汉子怒目发誓。

"别说砸招牌了，你娘能挨过一个月，我砍给你一只胳膊。"说罢，华济生拂袖而去。

七七四十九天后，汉子扶着老母直奔华济生的"济世堂"大门："华先生，还不把这济世堂的招牌砸了！"

华济生抬头审视红光满面的老妇人片刻，一句话没说，拎起一把风快的药铲，把左胳膊压在坐凳上，一闭眼举铲而下。

"华先生，你不能啊！"一声大叫，药铲被汉子夺下。

"男人一口唾沫一个钉，还能让大风卷了舌头。留一条胳膊就够我用的了，砍掉一只我就能记一辈子。"华济生痛苦地坐在凳子上。

"华先生，你断我没治了，我还真等着死呢。可自打我吃了爬进碗中的一个活物，病竟慢慢地好了。"瞎眼老妇人迷惑地说，"我正想找你问个究竟呢。"

华济生起身，来回走了足足十趟，忽然拉住老妇人的手："我差点害了你老人家，生吃醋泡蜇过蜉蝣的公蝎是能治这病的。"

送走汉子和老妇人，华济生便摘了"济世堂"金匾。从此，无论干啥就只用右手，左手总是背到身后。

据说，后人给华济生塑像的时候，明明两只手都塑在前面，可第二天左手硬是又背到了后边。

从此，药都中医只用右手把脉便沿袭下来。

◀◀ 阅读导引 ▶▶

"独臂先生"华济生因医术高超而闻名百里，一次因盲人老妇重病求诊打赌失败，最后虽未砍下手臂却也摘掉了"济世堂"金匾。结尾华济生"左手总是背到身后"让人思之再三。这是警醒，更是象征，象征着医术和医德。

请认真阅读文章，思考：结尾以传说收束全文，表现了作者怎样的创作意图？

# 花匠老丁

老丁原来是一位卡车司机,整天开着汽车从南跑到北,从东跑到西的,总也没有闲着的时候,成天乐呵呵,总爱开玩笑。

2000年春天,老丁到南方拉了一次货,回来后双腿就没了。

那天,老丁从医院的病床上睁开眼睛后,先看见了老伴儿和女儿的四只红眼圈儿,开始还有点儿纳闷儿,手向下一伸,就摸到了两只空荡荡的裤管。老丁就又把眼睛闭上了。再睁开时,老丁笑了,说了一句话。老丁说,老太婆,从今往后,你再也不用给我花钱买鞋了。

那一年,老丁其实并不老,刚刚50岁。

老丁没了双腿,不可能再到单位上班了,单位给了他一笔工伤补偿。从医院出来,老丁就办了病退手续。

回到家里的老丁开始让老伴儿很担心,他一连几天都靠在窗台边,眼睛呆呆地看着窗外。老伴儿就琢磨,这老丁是不是要跳楼啊!老伴儿就有事没事地跟他说话。老丁明白了她的意思,说,老太婆,就算想跳楼,我也不能从这儿跳啊,咱们家住的是一楼呀!

几天后,老丁就摇着轮椅出了门,费了好大的劲终于来到了窗底下的那块空地上。那块空地无人料理,长满了荒草。老丁看了一会儿,就开始拔草。从这天起,老丁正式开始了他的花匠生涯。几年后,老丁就拥有了他自己的一座花园。

老丁的花园南北宽5米,东西长10米。所以从规模上看,老伴儿认为应该叫花圃更准确。但她每次叫花圃,老丁都会冲她瞪眼睛,瞪得她浑身长了刺似的不自在。在老丁锐利的目光威胁下,老伴儿最后也放弃了原则,认可了"花园"的说法。

这些都是后话了,我还是接着说老丁建花园的过程吧!

老丁拔了半天草后,就发现他急需一条供轮椅行走的甬道。那块空地是土地面,轮椅一压上去,就很难再移动了。老丁用了一下午的时间,丈量了尺寸,又在晚上做

---

本文作者安勇,选入时有删改。

了计算。他计划用砖做材料，建造纵横交叉的两条甬道。一条10米长，另一条5米长。老丁计算的结果是，他需要390块砖。

老丁先花了3天时间，用3块木板和4只轴承做了个简易的小车，拿一根绳子系在他的轮椅后面，就胸有成竹地上街了。老伴儿想帮帮忙，被老丁摆摆手赶回了家里。

一块砖5斤重，老丁一次运10块，50斤。卖砖的地方离得不远，老丁每天往返3次。13天后，终于把所有的砖都运到了那块空地上。

接下来，老丁遇到了一个难题，怎么把砖变成道路让他有点儿头痛。后来，他从砖厂搬砖的砖夹子上受到了启发，自己改装了一个加长的工具。然后他又制作了一个加长的橡胶锤子，砖放下后，用锤子敲几下，砖就老老实实地待着不动了。

老丁用了5天的时间，终于铺好了两条甬道。用橡胶锤又在每块砖上敲了一遍后，就扯着嗓子喊老伴儿。老伴儿以为老丁出了啥事了呢！着急忙慌地跑出来。老丁说，老太婆，现在是某年某月某日几点几分，我宣布，花园的甬道正式通车了。说完，老丁就摇着轮椅从南到北走一次，又把车倒回来，从东往西走了一次。老伴儿看一眼老丁，背过身去，眼泪就哗哗地下来了。

甬道建好后，老丁把镰刀头固定在一根竹竿上，做成了一个除草工具。几天后，老丁就把空地上的荒草全部除净了。老丁又改装了一个松土工具，把整个园子里的土都松了一遍。秋天的时候，老丁摇着轮椅，又兴致勃勃地上街买花籽去了。

第二天，老丁很仔细地把花籽撒进了土地里。从那以后，他就把整个心思都用在了花园里，施肥、浇水、捉虫子，忙个不停。十几天后，第一棵小芽从土里钻了出来。又过了两天，园子里就有了一片希望的绿色。

老丁的花长势不错，挺起花茎，舒展开叶片，争先恐后地都长高了。不久，花茎的顶端就都冒出了一个个让人浮想联翩的花骨朵。又过了几天，花骨朵越来越大，像一张张含着笑容的小嘴巴似的，要开口说话了。老丁郑重地对老伴儿宣布，我已经看到花骨朵里面的花蕊了，用不了几天，它们就会完全开放。

老丁的花种得有些晚了，他说完这句话的第二天，突然下了场秋霜。早晨，老丁看到，满园子的花都垂下了脑袋，冻死了。站在他身后的老伴儿就有些替他担心。老丁摇着轮椅，从南走到北，又从东走到西，最后在花园的角落里停住了，指着花丛像个孩子似的喊，老太婆，你快看，还有一棵花没死呢！

老伴儿果然看到了一个很小的花骨朵，可能是因为它太矮了，没机会沾到秋霜，现在别的花都垂下了脑袋，就把它露了出来。老丁和老伴儿一起，给这棵花蒙了个塑料袋子。

3天后,这棵花终于开了。那花是粉红色的,很小,也不太美,一副胆战心惊的样子。它可能也没有想到,自己是老丁的花园里开出的第一朵花。

### 阅读导引

小说花了很长篇幅叙述老丁精心打理花园还专门为自己设计甬道的事,这样写的目的仅仅就是表达老丁坚强地面对生活的样子吗?出事前后老丁的表现以及老伴的几处"担心"的描写,构成了小说情节发展的若隐若现的主线;不仅如此,小说在"逼着老伴认可花园不是花圃的说法""花园甬道通车仪式"等细节上也暗示了打理花园对于老丁的重要性。

结尾,老丁的花在他的精心侍弄下茁壮成长着,可不想又遇上了"秋霜",好歹存活了"一棵",这棵活下来的花和老丁之间有什么关系?为何这个发现能让他如此欣喜?

# 莲池老人

庙后街,是县城里最清静的地方,最美丽的地方。那里有一座寺院,寺院的山门殿宇早坍塌了,留得几处石碑,几棵松树,那些松树又高又秃,树顶上几枝墨绿,气象苍古;寺院的西南角有个池塘,清清的水面上,有鸭,有鹅,有荷;池塘南岸的一块石头上,常有一位老人抱膝而坐,也像是这里的一个景物似的。

寺院虽破,里面可有一件要紧的东西:钟楼。那是唐代遗物,青瓦重檐,两层楼阁,楼上吊着一只巨大的铜钟。据说,唐代钟楼,全国只有四个半了,可谓吉光片羽,弥足珍贵。只是年代久了,墙皮酥裂,木件糟朽,瓦垄里生满枯草和瓦松。若有人走近它,那位老人就会隔着池塘喝喊一声:

"喂——不要上去,危险……"

老人很有一些年纪了,头顶秃亮,眉毛胡子雪一样白,嗓音却很雄壮。原来我不

---

本文作者贾大山,选入时有改动。

知道他是干什么的,后来文物保管所的所长告诉我,他是看钟楼的,姓杨,名莲池,1956年春天,文保所成立不久,就雇了他,每月四元钱的补助,一直看到现在。

我喜欢文物,工作不忙时,常到那寺院里散心。有一天,我顺着池塘的坡岸走过去说:

"老人家,辛苦了。"

"不辛苦,天天歇着。"

"今年高寿?"

"谁晓得,活糊涂了,记不清楚了。"

聊了一会儿,我们就熟了,并且谈得很投机。

老人单身独居,老伴早故去了,两个儿子供养着他。他的生活很简单,一日三餐,五谷为养,有米、面吃就行。两个儿子都是菜农,可他又在自己的院里种了一畦白菜,一畦萝卜,栽了一沟大葱。除了收拾菜畦子,天天坐在池边的石头上,看天上的鸽子,看水中的荷叶,有时也拿着工具到寺里去,负责清除那里的杂草、狗粪——这项劳动也在那四元钱当中。

他不爱说话,可是一开口,便有自己的思想,很有趣味的。中秋节前的一天晚上,我和所长去看他,见他一人坐在院里,很是寂寞,我说:

"老人家,买台电视看吧。"

"不买,太贵。"

"买台黑白的,黑白的便宜。"

"钱不够。"

"差多少,我们借给你。"

"不买。"他说,"那是玩具。钱凑手呢,买一台看看,那是我玩它;要是为了买它,借债还债,那就是它玩我了。"

我和所长都笑了,他也笑了。

那天晚上,月色很好,他的精神也很好,不住地说话。他记得那座寺院里当年有几尊罗汉、几尊菩萨,现在有几块石碑、几棵树木,甚至记得钟楼上面住着几窝鸽子。秋夜天凉,我让他去披件衣服。他刚走到屋门口,突然站住了,屏息一听,走到门外去,朝着钟楼一望两望,放声喊起来:"喂——下来,那里玩不得呀,偏要上楼去,踩坏我一片瓦,饶不了你……"喊声未落,见一物状似狗,腾空一跃,从钟楼的瓦檐上跳到一户人家的屋顶上去了。我好奇怪,月色虽好,但是究竟隔着一个池塘呀,他怎么知道那野物上钟楼呢?他说他的眼睛好使,耳朵也好使,他说他有"功夫"。

我不知道这是一种什么"功夫"。他在池边坐久了，也许是那清风明月、水泽荷香，净了他一双眼睛、两只耳朵吧？

可是有一天，我忽然发现他死了。那是正月初三的上午，我到城外给父亲上坟的时候，看见一棵小树下，添了一个新坟头。坟头很小，坟前立了一块城砖，上写：杨莲池之墓。字很端正，像用白灰写的。我望着他的坟头，感到太突然了，心里想着他生前的一些好处，就从送给父亲的冥钱里，匀了一点儿，给他烧化了……

当天下午，我怀着沉痛的心情，想再看看他的院落。我一进门，不由吃了一惊——他的屋里充满了欢笑声。推门一看，只见几位白发老人，有的坐在炕上，有的蹲在地下，正听他讲养生的道理。他慢慢念着一首歌谣，他念一句，大家拍手附和一声："吃饭少一口。"

"对！"

"饭后百步走。"

"对！"

"心里无挂碍。"

"对！"

"远离烟和酒。"

老人们哈哈笑了，快乐如儿童。我傻了似的看着他说："你不是死了吗？"

老人们怔住了，他也怔住了。

"我在你的坟上，已烧过纸钱了！"

"哎呀，白让你破费了！"

他仰面笑了，笑得十分快活。他说那是去年冬天，他到城外拾柴火，看中那块地方了。那里僻静，树木也多，一朝合了眼睛，就想"住"到那里去。他见那里的坟头越来越多，怕没了自己的地方，就先堆了一个。老人们听了，扑哧笑了，一齐指着他，批判他：好啊，抢占"宅基地"！

天暖了，他又在池边抱膝而坐，看天上的鸽子，看水中的小荷……

有人走近钟楼，他就喝喊一声：

"喂——不要上去，危险……"

他像一尊雕像，一首古诗，点缀着这里的风景，清凉着这里的空气。

清明节，我给父亲扫墓，发现他的"坟头"没有了，当天就去问他：

"你的'坟头'呢？"

"平了。"

"怎么又平了？"

"那也是个挂碍。"

他说，心里挂碍多了，就把"功夫"破了，工作就做不好了。

### ◀◀ 阅读导引 ▶▶

　　清净的庙后街，石碑、松树，这里气象古朴、清幽寂静又弥足珍贵，在这样的环境中引出主人公——莲池老人，透露出几分古意静谧，淡泊宁静。作者巧妙地选取了莲池老人的二三事，既有简笔勾勒，又有精雕细琢。他有菜农儿子的供养，却又自给自足地收拾菜畦。不愿意被电视机玩弄而坚持不买，又提前为自己抢占"坟头"，又最终抹平。莲池老人身上那种不为物役、豁达开朗的形象跃然纸上。

　　请仔细阅读文章，谈谈你对文章最后一段"他说，心里挂碍多了，就把'功夫'破了，工作就做不好了"的理解。

# 桥边的老人

　　如果赶不上清溟桥头的渡船，我们就不得不步行十几里山路去镇上上学，这显然不是我们想要的结果。我们总是早早备好书包、大米和一个星期的腌菜，坐在大同水库岸边等渡船到来。

　　开渡船的驾船佬总是最后一个来。仿佛知道我们无论等多久都会继续等下去似的，驾船佬总是慢悠悠地把船锚抛上岸，眯缝着眼睛看我们这帮学生娃争先恐后地往船上挤，还不忘大声斥责："莫挤莫挤，淹死你们这帮急死鬼！"所有人都不理会驾船佬的训斥，还是像一群急不可耐的蝌蚪一样往上蹿。

　　驾船佬的船是杉木做的，吱吱呀呀，也不知道用了多少年，看起来随时都要散架。但只要我们质疑起来，或建议他打一条新船时，驾船佬总是说这船没问题，肯定能坐

---
本文作者何君华。

人，保证淹不死你。偌大的大同水库偏偏只有他这一条渡船，我们只能硬着头皮跳进他的船舱。

等所有人都坐定了，驾船佬却丝毫没有要开船的意思。有人坐不住了，催促道："怎么还不开，莫非等酒喝？""等酒喝"是乡里骂人的俗话，指一个人慢性子、怠惰，一般只有长辈对晚辈说。有学生娃胆敢这样没大没小地骂他，驾船佬却并不生气，照样坐在船头一动不动。原来，驾船佬是在等迟来的学生，想多赚几块钱渡费。

还真有不着急的"吊死鬼"（"吊""掉"同音，指凡事掉在后面、不着急不抢先的人）慢悠悠地从山路上下来。整整一下午驾船佬都不着急，这时候反倒着急起来，大声朝山上喊道："吊死鬼，还不赶快！"听了驾船佬一声吼，几个"吊死鬼"才快步跑起来。

嘟嘟嘟……驾船佬摇响柴油机，船终于开动了。船头劈开波浪，像一条巨大的青鱼，向下游的大同镇开去。

每个星期天的下午我都会准时去清溟桥头等渡船，但是有一次，我也当了"吊死鬼"。那是一个秋日的上午，我在池塘里帮爷爷挖藕，不小心弄湿了校服，奶奶非要等校服晒干才肯让我穿上去上学，也许是别的什么原因，我已经不记得了。总之那个星期天的下午我迟到了，我在狭窄的乡村公路上疯狂地奔跑着，风呼呼地从我耳边吹过，我感觉肯定赶不上渡船了，不得不一次次地加快步伐。等跑过了三个山头，清溟桥头终于在眼前出现时，让我欣喜不已的是，渡船竟还等在那里！

"吊死鬼，就等你了，还不赶快！"驾船佬照例远远地吼了一句。我连忙欢快地朝他跑去。

直到这时我才恍然明白，这个驾船佬嘴上不饶人，心地倒是挺善良——他之所以每次都不肯早早开船，根本就不是为了多赚几个渡费，而是要等所有的学生娃都齐了才行。驾船佬是那么精明的人，周围几个村子有多少娃在镇上上学他心里能不清楚吗？他要是把船开走了，学生们该怎么去上学呢？

这个驾船佬！

我们支付的那几毛钱渡费怕是还不够渡船烧柴油的钱。这是很多年后我才知道的事情。那是在驾船佬的葬礼上，他的儿子偶然跟我说的。他曾想把父亲接到城里去，他父亲死活不肯，说："当年你不也是这样坐渡船到镇上去上学的吗，我若走了，谁来渡娃儿们去上学呢？"

现在，村里到镇上早已修起了水泥路，人们到镇上再也不用坐渡船，大同水库也开发成了旅游景点，连名字也改了，叫仙人湖。过年回家的时候，一个人坐在清溟桥岸边，夕阳洒满金色的仙人湖，我还是会想起驾船佬。

### 阅读导引

生活中总是有一些"刀子嘴豆腐心"的人，默默地奉献却不求回报。"驾船佬"拒绝儿子接他到城里去，只为了渡娃儿上学，既善良又乐于奉献；他嘴上不饶人，整天一口一个"吊死鬼"，但当我们没大没小地催促他，嘲弄他"等酒喝"时，他也满不在意。特别是有一次我做了"吊死鬼"，才发现了他的宽容和善良，人物形象在此有了一个光环。

作者在文章中埋下了伏笔，请把暗示驾船佬"他之所以每次都不肯早早开船，根本就不是为了多赚几个渡费，而是要等所有的学生娃都齐了才行"相关的语句找出来，读一读，体会他的善良品质。

# 陆地上的船长

早晨，太阳刚刚升起，他便站在晒谷场上，一只手叉在腰间，一只手一挥，像一个指挥千军万马的将军，他喊：起锚，出航！

爹叹了一口气说，疯子的船又出海了。

我好奇地看着他。我没见过海，没见过航船。他迎着照进山坳里的阳光，穿着整齐的制服，很威武，很气派。阳光勾勒出他的剪影。

晒谷场周围是一块块水田，绿莹莹地连向山岭。接着，他开始踱步。我观察了好些天，他从晒谷场的东头慢慢地走向西头，沉思的样子。

我发现，他绝不多走一步，接近晒谷场的边缘，他又折回身，继续走。他的皮肤黝黑，不是山民那种黑，是海风吹出的黑，爹告诉我。我想象大海无遮无拦的阳光。

他走得那么准确。爹说他那条船跟晒谷场差不多大。那么大一条船，我想，一个移动的晒谷场，周围的绿田不是像平静的海水吗？

爹说，别去打扰他，可怜的船长。一个失却了船的船长。我对他生出敬意，他的身材魁伟，把那一身制服撑得板板直直，好像挂在衣架上边那样。

---

本文作者谢志强。

太阳在不知不觉地升起,有一竿子高了,他仍重复着踱步——那是他在甲板上散步。我希望他脚下的晒谷场能够航行。他踱步的时候,晒谷场仿佛在飘移。他的制服衣襟在山风里猎猎抖动。

可是,天阴下来了,不知哪里钻出来了乌云,发酵似的膨胀,遮住了太阳。他停下脚步,四处张望,甚至双手圈成两个圈,罩在眼眉前。父亲说那是他的望远镜。

爹示意我们——村里的几个小伙子都来了,他们想嚷嚷——不要出声。其实,我真想赶过去,登上他的船。

他举起双臂,说,全体注意,风暴来啦,各就各位,保持航速!

我们乐了。他焦躁不安地跑起来,跑到船头——晒谷场的东首,用脚踢踢摊在地上的稻谷,说赶快采取措施,海水漫进舱里了。

他开始寻找什么,大概是桶之类的东西,舀海水。他忙乎着踢稻谷,金色的稻谷飞起。我的娘撩起围裙揉在手里,对我爹说,你去劝劝他,这样糟蹋粮食。

他喊:快,水泵,都躲起来干吗!他四顾着,像是寻找想象中的船员。我们沉不住气了,真想赶过去帮他一把。

他冲着我们喊:胆小鬼,你们丢下船逃走呀!你们过来,我命令你们过来。大海可饶不了你们!

我瞧了一眼爹。爹低声说:别过去,他疯病发了,发过一阵就会好转呢。

我真想过去支援他,他需要帮手。我见他像热锅上的蚂蚁那样,在晒谷场上疯狂地奔跑。我真不忍他那么孤独,可能我们过去,能够安慰他——他是我们家族中唯一见过大世面的人物了,我曾替我这个二叔自豪,可是,他回来的时候,人家指着脑袋说他受了刺激。

他终于停下来,哭腔哭调地说:沉了,沉了,我们的航船,沉了,你们都逃吧,鲨鱼不会放过你们。

据爹说,他那条船,在一场海上风暴里航行了一天一夜,最后,接近了一个无名小岛,触了礁。

太阳钻出乌云。他的声音低下来,说沉了,沉了。似乎在念咒语,我看着环绕着小山村的山岭,好似晒谷场在下沉、下沉。

他走出晒谷场,朝我们走来——登上小岛。他的神色又恢复了正常,像经历了场海上风暴,现在,他的表情呆滞、淡漠。他根本没看我们一眼,似乎我们不存在,他穿过我们,径直地走进他的屋子。

我们踏上了他的航船——晒谷场,整平了踢乱的稻谷,我学着他的样子,在场上走,想体验当船长的感受,还是我出生以来看惯了的小山村——晒谷场,可是,刚才(每天他都要演绎一场出航的仪式,只是今天意外,出现了阴天)那场"沉船"的风暴就发生在这儿。大海无情,我想着遥远的大海,我长大了一定要去见识大海!

### ◀◀ 阅读导引 ▶▶

  这是一篇选材非常独特的小说,写了"我"目睹二叔发疯病的过程。而这个过程,却显现出二叔是一个执着于理想、忠于职守的失败英雄;他爱事业如生命,爱船胜过爱自己。沉船时,船员纷纷逃命,他却坚守岗位与船共存亡,凸显出船长高度的责任感和敬业精神。"我"对疯船长的理解、崇敬,不仅是一种悲悯情怀,更是对理想、信念的讴歌,是对失败英雄的礼赞。

  仔细阅读文章,谈谈你对标题"陆地上的船长"的理解、这个故事背后的深刻意蕴。

# 青 衣 花 旦

  村主任在县剧团找到青衣和花旦的时候是下午,她们正在练功房里练功。她们看到斜阳把村主任的脸劈成了半明半暗的两半。村主任很年轻,但是穿得很土。村主任说我是球山村的村主任。她们就问球山村在哪儿?村主任说球山村在很高的山上。她们这才看到年轻的村主任脚上的解放鞋沾满了黄泥。村主任看到了她们投来的目光,就很局促地移了移自己的脚步。村主任又说想请青衣和花旦去村里唱一场戏,清唱就行了。青衣和花旦相互看了看,她们不愿意去,她们就说我们要收钱的。村主任说收就收吧。她们说很贵的。村主任问多少。她们就说了多少。沉吟了许久,村主任说,贵就贵吧。她们说,我们怎么去,得坐车吧?还有山路怎么吃得消走?村主任说,我们早就有人等在山脚了,我们准备了轿子。如果你们不去,那么我也不回去了,请不到你们村里人不准我再回去。青衣和花旦对视了一眼,只好点点头。

---

本文作者海飞。

于是她们就去球山村。跟着村主任乘了两个小时的车，到一座山脚时，看到了两乘简陋的轿子，她们就上了轿。又走了三个小时的山路，她们终于到了那个叫球山村的地方。许多村民围过来看，他们的表情很漠然，他们没有看过穿得这么光鲜又长得这么漂亮的女孩子。青衣和花旦往山脚下一看，怎么也没见底，云雾一片。青衣和花旦就面面相觑，吐了吐舌头。

村主任指挥着大家干这干那，村主任说去把大爷、大婶接来，那两乘小轿就又开始工作了。简易的戏台已经搭了起来，村主任在家里招待青衣花旦吃过晚饭后，就陪着她们去了晒场。戏台上点起了松明灯，台下也亮起了星星点点的火把，全村人都赶来了。青衣花旦就上台，她们是收钱的，而且也不便宜，所以她们唱得很认真很卖力。

她们唱了很多折子戏，从《楼台会》到《送凤冠》，又从《宝玉哭灵》到《黛玉葬花》。她们看到台下第一排坐着一对老夫妇，四周站满了人。演出快结束的时候，村主任站到了台上，松明灯噼噼啪啪的响声中，村主任中气很足地说：乡亲们，从今后，桂子的爹妈就是我们球山村人的爹妈！台下一片寂静，一会儿，呼声如潮：桂子的爹妈就是我们的爹妈！青衣和花旦被吓了一跳，不知道他们想干什么。她们看到坐头排的老夫妇的眼里泪光一闪一闪。

然后她们接着唱，唱到月上中天，就结束了。村里人渐渐散去。村主任安排青衣和花旦住他对象家。村主任的对象长得很俊，一双大眼睛，两根大辫子。在对象家门口，村主任对她们说，你们先住下，明天一早我和你们结了账，然后派轿子送你们下山。青衣和花旦就说，好的。

青衣和花旦与村主任的对象很聊得来，对象送给她们自己剪的剪纸，说可以贴窗花。青衣和花旦家里的铝合金窗不需要贴窗花，但是她们还是收下了。

第二天早上村主任来对象家送青衣和花旦下山，却四处没找到人。村主任的对象也急了，说，怎么会找不到？村主任说，你们昨天什么时候睡的？对象说不知道，反正睡得很迟。村主任说你们说什么了吧。对象说她们问我桂子是谁，我就说桂子是我们村的小伙子，去外面当了兵，在洪水里救一个女人时被淹死了。骨灰送回来，明天就要下葬。桂子爹妈爱看戏，我们全村人凑钱请了你们来唱戏，算是代桂子孝敬他们二老的。村主任说，她们两个嫩女娃子，这么高的山，她们能走到哪儿去？

后来村主任的对象在八仙桌上看到了一小沓钱，旁边还留了字：桂子和我们一样，也是20岁。桂子爹妈也是我们的爹妈。演出的钱我们不能收，这点钱就算是桂子孝敬爹妈的。不用再找我们了，我们自己能下山。落款是：青衣花旦。

村主任猛拍了一下自己的脑袋,蹿了出去。不一会儿,两乘小轿出现在弯弯的山道上,快得像风一样。

**◀◀ 阅读导引 ▶▶**

　　小说构思巧妙,在对青衣和花旦的形象塑造上欲扬先抑,设置伏笔不露痕迹,后面揭开谜底方让读者深受感动。小说开篇用主要笔墨写村主任与青衣和花旦的对话,交代主要人物的职业、性格特点,青衣和花旦矜持、高傲,村主任的穿戴让她们不屑,又嫌路远,收费很高;但她们很敬业,"唱得很认真很卖力"。而且,她们隐藏着滚烫的心。当她们知道了有关真相,不但不收钱,反而捐了款,令人感动。

　　小说以"青衣花旦"为题,蕴含了怎样的意蕴?另外,仔细阅读并思考:文章的最后一段是否可以删去,并简单地谈谈你的理解。

# 异乡人的花园

　　我家的一间房子出租给了一个异乡人,他三十一二岁,朴实敦厚,每天蹬着三轮车,去城里贩卖茶叶,赚着城里人的钱。

　　早晨,他吆喝一声,便消失在城郊尚未修好的坎坷路上。

　　下午,我远远地看见他回来,哼着小调,开门,卸货,还随手把铁门前的砖扔出好远。

　　我常常不经意地见他在路边忙碌着什么,他平常的身影,平常的举动,让我匆匆一瞥,便再也没有什么印象。

　　不知不觉中,我家四周的小路平整了许多,小路两旁也被人修葺得齐齐整整,尤其是门前一块杂乱荒废的地,慢慢地竟显得有模有样。这大概就是他的杰作吧。

　　冬去春来,我家门前荒弃多年的空地上突然开满了鲜花,月季、鸡冠花、紫菊、彩

---

本文作者铃带雨,选入时有改动。

雀、剑兰、芍药，还有许多叫不出名的花，姹紫嫣红，分外妖娆。这些花在园中排列有序，整齐得如同计量过，鹅黄、嫩绿、桃红、褐橘……罗列分明，绝无掺杂。紫菊花间插在埂上，把小小的花圃清晰地分成不规则的好几部分，像名贵的花园。这简直是园艺大师的杰作！小路两边也花团锦簇，轻轻走过，花香满径，令人心动神漾。

我家一时间热闹起来，看花的人如同赶集一样，络绎不绝。人们都好奇地打听异乡人的来历，异乡人只是微笑着，接受着人们惊奇的目光。而我的母亲，则是满心喜欢，为拥有这样独具慧心的房客颇感自豪。

因为异乡人的到来，我家也改变了许多，馨香环绕的环境，带给全家无比的舒适。那坐落在花园中的家，显得十分别致和美丽，推门而出，扑面而来的，是满园浓浓的花香。

异乡人忙完生意后，随手修葺着花圃，及时地点播种子，任季节变换，花园里总有鲜花盛开着，时常带给我们惊喜。

有一次，我看见他摘一朵橘黄色的金针花，给一个看花的小女孩。我惊奇于他的眼力，他摘的正是满园鲜花里最亮最灿烂的一朵。小女孩轻轻地把花捧在手中，入眼处，是一掬高贵。

他告诉我母亲："我也有女儿。"

"几岁啦？"

"五岁。"

"现在哪儿？"

"跟她母亲在乡下呢。"他平静地说完，又补上一句，"我要在她来之前把花园准备好。"

原来，这满园的鲜花，是他准备给女儿的。

再回首，万千红绿中，一个平凡而又拥有花匠一般手艺的人，当他无意中美丽了人们的眼睛的时候，其实在他心灵深处，早已刻意开辟了一座独享的花园，那座花园永远盛开着鲜花，无论他在何时何地。

## 阅读导引

异乡人作为一位父亲，无疑是伟大的，他时刻想着自己的女儿，要把最美好的东西献给她；他也是生活的强者，面对艰苦乐观豁达，热爱生活；在他的内心深处,有一个美丽的花园,装点着自己,也装点着别人。小说采用侧面描写,从"我"的眼睛去看租客外乡人的一举一动,直到最后,才让他说出了内心的想法。请想想:这样写的好处是什么?仔细阅读文章,关注描写异乡人的词语和描写手法,体会它们对于塑造异乡人的人物形象有何作用。思考:小说标题中的"花园"有何含义?

# 混　　子

　　混子——这是刘群的外号。老兵这么一喊,他保准一个响亮的"到",两脚跟一靠,往你身边一站,挺有素质的。但人名声在外,混子早已大名远扬,所以不了解底细的人差不多都忘了他叫刘群。

　　其实,混子是个不错的兵,干起活来像个小拖拉机,有使不完的劲儿。美中不足的是小毛病太多。队列中不允许讲话,可他总讲。连长眼一瞪,他舌头一伸,闭了嘴,跟什么都没发生一样。谁一找他做思想工作,嘿,他保准有说不完的理由,什么"人无完人"啦,"洁玉微瑕"啦,弄来弄去,不知道是谁在做谁的工作了。拿混子背地里的话说,就是非气气干部不可。

　　混子要退伍前半年,听说连里要分来一个新排长。得到这个信儿,混子别提多兴奋了,连夜找了几个"小混子"召开紧急会议:哎,我说,明天要来新排长了,咱好好气气他,反正咱们是混子。

　　排长来了,往队列前一站,混子直乐。在大家互相介绍时,混子说,我叫混子,战友们都这么叫,排长你以后也这么叫吧。排长笑着握住混子的手,使劲握了一下。混子痛得一咧嘴,赶忙往回收。排长眼睛盯着他:"以后你就别混了。"说着用手正了正他的帽子。

　　全排的兵都喊他混子,唯有排长一本正经地喊他刘群。每当这时,便有老兵笑着

---

本文作者胥得意,选入时有改动。

提醒排长："他叫混子。"

自从排长来了以后，混子真混不下去了。一点点小错误在排长眼里都是毛病。排长也真有耐心，说什么问题就说什么问题好了，非得从一个很遥远的话题开始，听着听着就扯到正题上来了。每天晚上不把台灯讲倦了，不把混子讲得脸红三层，那他不会躺到床上向混子伸出手说那句话："有信心改正就握住它。"然而混子一次次动情地望着排长在空中的手，却没勇气伸出自己的手。

终于，一个落着雨丝的夜晚，混子握住了排长的手，同时也把排长的心握得一片潮湿。

混子变了，老兵都说。"本来他就不是混子，只是你们叫他混子。"排长说。

当北方第一场雪飘落的时候，军营悲壮的季节来临了。在那一排排最后一次列队的老兵队伍中，没有领花和军衔的肩膀丛中，哽咽着无数泪水浸透的离别之话。

上列车时，混子从退伍老兵中挤到排长面前："排长，你没来之前，我有时都忘记了自己的乳名，每一次听到你和我哥一样叫我乳名，我就感到有一种亲情，因为你从没叫过我大名。"听着这个被评为"最佳老兵"的士兵的倾诉，排长才想起混子退伍证上"刘群"俩字儿前面还有一个"张"姓。

火车开动了。刘群从车窗中使劲挥动着手。

排长冲着列车声嘶力竭喊了一声："混子！"

混子没有听到。

### 阅读导引

"混子"是一个好兵，却也有这样那样的"混子"癖性，想要捉弄新排长，没想到却被排长来了个下马威，并被耐心教导了。在排长的坚持和悉心教导之下，他终于突破自己，握上了象征改变的排长的双手。手心的汗水彰显着他要改变的决心，也充满了他对排长的感谢。在离开时，他对排长的告别也表现出他对排长的感激之情。

仔细阅读文章，思考：排长一向叫"混子"的名字——刘群，为何在离别的时候却声嘶力竭地叫了一声"混子"？

# 第二单元
# 谈文论艺

本单元选取的文章或探讨文字背后深藏的含义,或探究艺术表现的语言形式,或评论某种美学现象……阅读这些文章,能打开我们的思路,启发我们去探究蕴藏在文学艺术作品中的深意,加深我们对文艺创作和文艺鉴赏的认识。

学习本单元,可以尝试调动自己平时阅读作品的体验,也可以尝试参照这些文章的写法,试着对自己熟悉的文学作品或艺术作品也做一点分析和论说,这对于提升我们的审美品位,提高我们的文学素养,增强我们的文艺评论能力,也是大有裨益。

# 咬文嚼字

  郭沫若先生的剧本《屈原》里婵娟骂宋玉说:"你是没有骨气的文人!"上演时他自己在台下听,嫌这话不够味,想在"没有骨气的"下面加"无耻的"三个字。一位演员提醒他把"是"改为"这","你这没有骨气的文人!"就够味了。他觉得这字改得很恰当。他研究这两种语法的强弱不同,以为"你是什么"只是单纯的叙述语,没有更多的意义,有时或许竟会落个"不是";"你这什么"便是坚决的判断,而且还把必须有的附带语省略去了。根据这种见解,他把另一文里"你有革命家的风度"一句话改为"你这革命家的风度"。

  这是炼字的好例,我们不妨借此把炼字的道理研究一番。那位演员把"是"改为"这",确是改得好,不过郭先生如果记得《水浒》里的用语,就会明白一般民众骂人,都用"你这什么"式语法。石秀骂梁中书说:"你这与奴才做奴才的奴才!"杨雄醉骂潘巧云说:"你这贱人!你这淫妇!你这你这大虫口里倒涎!你这你这……"一口气就骂了六个"你这"。看这些实例,"你这什么"倒不仅是"坚决的判断",而且是带有极端憎恶的惊叹语,表现着强烈的情感。"你是什么"便只是不带情感的判断,纵有情感也不能在文字本身上见出。不过它也不一定就是"单纯的叙述语,没有更多的含义"。《红楼梦》里茗烟骂金荣说:"你是个好小子,出来动一动你茗大爷!"这里"你是"含有假定语气,也带"你不是"一点讥刺的意味,如果改成"你这好小子!"神情就完全不对了。从此可知"你这"式语法并非在任何情形之下都比"你是"式语法来得更有力。其次,郭先生援例把"你有革命家的风度"改为"你这革命家的风度",似乎改得并不很妥。一、"你这"式语法大半表示深恶痛绝,在赞美时便不适宜。二、"是"在逻辑上是连接词,相当于等号;"有"的性质全不同,在"你有革命家的风度"一句中,"风度"是动词的宾词;在"你这革命家的风度"中,"风度"便变成主词,和"你(的)"平行,根本不成一句话。

  这番话不免啰唆,但是我们原在咬文嚼字,非这样锱铢必较不可。咬文嚼字有时

---

本文作者朱光潜,选入时有删改。

是一个坏习惯，所以这个成语的含义通常不很好。但是在文学，无论阅读或写作，我们必须有一字不肯放松的谨严。文学借文字表现思想情感，文字上面有含糊，就显得思想还没有透彻，情感还没有凝练。咬文嚼字，在表面上像只是斟酌文字的分量，在实际上就是调整思想和情感。从来没有一句话换一个说法而意味仍完全不变。例如《史记》李广射虎一段：

  广出猎，见草中石，以为虎而射之，中石没镞，视之，石也。因复更射之，终不能复入石矣。

这本是一段好文章，王若虚在《史记辨惑》里说它"凡多三石字"，当改为：

  以为虎而射之，没镞，既知其为石，因更复射，终不能入。

或改为：

  尝见草中有虎，射之，没镞。视之，石也。

在表面上看，改得似乎简洁些，却实在远不如原文，见"草中石，以为虎"并非"见草中有虎"。原文"视之，石也"有发现错误而惊讶的意味，改为"既知其为石"便失去这意味。原文"终不能复入石矣"有失望而放弃得很斩截的意味，改为"终不能入"便觉索然无味。这种分别，稍有文字敏感的人细心玩索一番，自会明白。

有些人根本不了解文字和情感的密切关系，以为更改一两个字不过是要文字顺畅些或是漂亮些。其实更动了文字，就同时更动了思想情感，内容和形式是相随而变的。姑举一个人人皆知的实例，韩愈在月夜里听见贾岛吟诗，有"鸟宿池边树，僧推月下门"两句，劝他把"推"字改成"敲"字。这段文字因缘古今传为美谈，今人要把咬文嚼字的意思说得好听一点，都说"推敲"。古今人也都赞赏"敲"字比"推"字下得好。其实这不仅是文字上的分别，同时也是意境上的分别。"推"固然显得鲁莽一点，但是它表示孤僧步月归寺，门原来是他自己掩的，于今他"推"。他须自掩自推，足见寺里只有他孤零零的一个和尚。在这冷寂的场合，他有兴致出来步月，兴尽而返，独往独来，自在无碍，他也自有一副胸襟气度。"敲"就显得他拘礼些，也就显得寺里有人应门。他仿佛是乘月夜访友，他自己不甘寂寞，那寺里如果不是热闹场合，至少也有一些温暖的人情。比较起来，"敲"的空气没有"推"的那么冷寂。就上句"鸟宿池边树"看来，"推"似乎比"敲"要调和些。"推"可以无声，"敲"就不免剥啄有声，惊起了宿鸟，打破了岑寂，也似乎平添了搅扰。所以我很怀疑韩愈的修改是否真如古今所称赏的那么妥当。究竟哪一种意境是贾岛当时在心里玩索而要表现的，只有他自己知道。如果他想到"推"而下"敲"字，或是想到"敲"而下"推"字，我认为那是不可能的事。所以问题不在"推"字和"敲"字哪一个比较恰当，而在哪一种境界是他当时所要说的而且与全诗调和的。在文字上"推敲",骨子里实在是在思想情感上"推敲"。

无论是阅读或是写作,字的难处在意义的确定与控制。字有直指的意义,有联想的意义。比如说"烟",它的直指的意义,凡见过燃烧体冒烟的人都会明白。只是它的联想的意义迷离不易捉摸,它可联想到燃烧弹、鸦片烟榻、庙里焚香、"一川烟草""杨柳万条烟""烟光凝而暮山紫""蓝田日暖玉生烟"……种种境界。直指的意义载在字典上,有如月轮,明显而确实;联想的意义是文字在历史过程上所累积的种种关系,有如轮外圆晕,晕外霞光,其浓淡大小随人随时随地而各个不同,变化莫测。科学的文字愈限于直指的意义就愈精确,文学的文字有时却必须顾到联想的意义,尤其是在诗方面。直指的意义易用,联想的意义却难用,因为前者是固定的,后者是游离的;前者偏于类型,后者偏于个性。既是游离的,个别的,它就不易控制,而且它可以使意蕴丰富,也可以使意思含糊甚至支离。比如说苏东坡的《惠山烹小龙团》诗里三、四两句"独携天上小团月,来试人间第二泉","天上小团月"是由"小龙团"茶联想起来的,如果你不知道这个关联,原文就简直读不通;如果你不了解明月照着泉水和清茶泡在泉水里那一点共同的清沁肺腑的意味,也就失去原文的妙处。这两句诗的妙处就在不即不离、若隐若现之中。它比用"惠山泉水泡小龙团茶"一句话来得较丰富,也来得较含混有蕴藉。难处就在于含混中显得丰富,由"独携小龙团,来试惠山泉"变成"独携天上小团月,来试人间第二泉",这是点铁成金。文学之所以为文学,就在这一点生发上面。

这是一个善用联想意义的例子,联想意义也最易误用而生流弊。联想起于习惯,习惯老是欢喜走熟路。熟路抵抗力最低,引诱性最大,一人走过,人人就都跟着走,愈走就愈平滑俗滥,没有一点新奇的意味。字被人用得太滥也是如此。从前做诗文的人都倚靠《文料触机》《幼学琼林》《事类统编》之类书籍,要找词藻典故,都到那里去乞灵。美人都是"柳腰桃面""王嫱、西施",才子都是"学富五车,才高八斗";谈风景必是"春花秋月",叙离别不外"柳岸灞桥";做买卖都有"端木遗风",到现在用铅字排印书籍还是"付梓""杀青"。像这样的例子举不胜举。它们是从前人所谓"套语",我们所谓"滥调"。一件事物发生时立即使你联想到一些套语滥调,而你也就安于套语滥调,毫不斟酌地使用它们,并且自鸣得意。这就是近代文艺心理学家们所说的"套板反应"。一个人的心理习惯如果老是倾向于套板反应,他就根本与文艺无缘,因为就作者说,"套板反应"和创造的动机是仇敌;就读者说,它引不起新鲜而真切的情趣。一个作者在用字用词上面离不掉"套板反应",在运思布局上面,甚至在整个人生态度方面也就难免如此。不过习惯力量的深广非我们意料所及,沿着习惯的去做,总比新创较省力,人生来有惰性,常使我们不知不觉地一滑就滑到"套板反应"里去。你如果随便在报章杂志或是尺牍宣言里面挑一段文章来分析，你就会发现那里面的思想情感和语言，大半都由"套板反应"起来的。韩愈谈他自己做古文，"惟陈言之务去"。这是一句最紧要的教训。语言跟着思想情感走，你不肯用俗滥的语言，自然也就不肯用俗滥的思想情感，你遇事就会朝深一层去想，你的文章也就真正是"作"出来的，不致落入下乘。

以上只是随便举几个实例，说明咬文嚼字的道理，例子举不胜举，道理也说不完。我希望读者从这粗枝大叶的讨论中，可以领略运用文字所应有的谨严精神。本着这个精神，你随处留心玩索，无论是阅读或写作，就会逐渐养成创作和欣赏都必需的好习惯。你不能懒，不能粗心，不能受一时兴会所生的幻觉迷惑而轻易自满。文学是艰苦的事，只有刻苦自励，推陈翻新，时时求思想情感和语文的精练与吻合，你才会逐渐达到艺术的完美。

## 阅读导引

"《咬文嚼字》"是一篇思路清晰、结构严谨、富有理趣的文化随笔。"咬文嚼字"是一个成语，现在一般解释为"过分地斟酌字句，多用来指死抠字眼儿，也用来指对文字的使用反复推敲，十分讲究"。而作者在文中赋予这个成语一种新的意义，朱光潜先生想表达在文字运用上"必须有一字不肯放松的谨严"。作者提倡"咬文嚼字"，认为语言文字与思想感情有密切关系，文字的优劣要从它所表达的思想感情和表现的意境上去辨别。

为了说明"咬文嚼字"的意义和作用，作者在文中举了哪些例子？这些例子的角度是否一致？作者对"套板反应"是什么看法？结合实际，谈谈你对此的观点是什么。

# 谈 中 国 诗

什么是中国诗的一般印象呢？发这个问题的人一定是位外国读者，或者是位能欣赏外国诗的中国读者。一个只读中国诗的人决不会发生这个问题。他能辨别，他不能这样笼统地概括。他要把每个诗人的特殊、个独的美一一分辨出来。具有文学良心和鉴别力的人像严正的科学家一样，避免泛论、概论这类高帽子、空头大话。他会牢记诗人勃莱克的快语："作概论就是傻瓜。"假如一位只会欣赏本国诗的人要作概论，他至多就本国诗本身分成宗派或时期而说明彼此的特点。他不能对整个本国诗尽职，因为他没法"超以象外，得其环中"，有居高临远的观点。因此，说起中国诗的一般印象，意中就有外国人和外国诗在。这立场是比较文学的。

据有几个文学史家的意见，诗的发展是先有史诗，次有戏剧诗，最后有抒情诗。中国诗可不然。中国没有史诗，中国人缺乏伏尔泰所谓"史诗头脑"，中国最好的戏剧诗，产生远在最完美的抒情诗以后。纯粹的抒情诗的精髓和峰极，在中国诗里出现得异常之早。所以，中国诗是早熟的。早熟的代价是早衰。中国诗一蹴而至崇高的境界，以后就缺乏变化，而且逐渐腐化。这种现象在中国文化里数见不鲜。譬如中国绘画里，客观写真的技术还未发达，而早已有"印象派""后印象派"那种"纯粹画"的作风；中国的逻辑极为简陋，而辩证法的周到，足使黑格尔羡妒。中国人的心地里，没有地心吸力那回事，一跳就高升上去。梵文的《百喻经》说一个印度愚人要住三层楼而不许匠人造底下两层，中国的艺术和思想体构，往往是飘飘凌云的空中楼阁，这因为中国人聪明，流毒无穷的聪明。

贵国爱伦·坡主张诗的篇幅愈短愈妙，"长诗"这个名称压根儿是自相矛盾，最长的诗不能需要半点钟以上的阅读。他不懂中文，太可惜了。中国诗是文艺欣赏里的闪电战，平均不过二三分钟。比了西洋的中篇诗，中国长诗也只是声韵里面的轻鸢剪掠。当然，一篇诗里不许一字两次押韵的禁律限制了中国诗的篇幅。可是，假如鞋子形成了脚，脚也形成了鞋子；诗体也许正是诗心的产物，适配诗心的需要。比着西洋的诗

---
本文作者钱锺书。

人,中国诗人只能算是樱桃核跟二寸象牙方块的雕刻者。不过,简短的诗可以有悠远的意味,收缩并不妨碍延长,仿佛我们要看得远些,每把眉眼颦蹙。外国的短诗贵乎尖刻斩截,中国诗人要使你从"易尽"里望见"无垠"。

一位中国诗人说:"言有尽而意无穷。"另一位诗人说:"状难写之景,如在目前;含不尽之意,见于言外。"用最精细确定的形式来逗出不可名言、难于凑泊的境界,恰符合魏尔兰论诗的条件:

那灰色的歌曲

空泛联接着确切。

这就是一般西洋读者所认为中国诗的特征:富于暗示。我愿意换个说法,说这是一种怀孕的静默。说出来的话比不上不说出来的话,只影射着说不出来的话。济慈名句所谓:

听得见的音乐真美,但那听不见的更美。

我们的诗人也说,"此时无声胜有声";又说"解识无声弦指妙"。有时候,他引诱你到语言文字的穷边涯际,下面是深秘的静默:"此中有真意,欲辨已忘言。""淡然离言说,悟悦心自足。"有时他不了了之,引得你遥思远怅:"美人卷珠帘,深坐颦蛾眉;但见泪痕湿,不知心恨谁。""松下问童子,言师采药去。只在此山中,云深不知处。"这"不知"得多撩人!中国诗用疑问语气做结束的,比我所知道的西洋任何一诗来得多,这是极耐寻味的事实。试举一个很普通的例子。西洋中世纪拉丁诗里有个"何处是"的公式,来慨叹死亡的不饶恕人。英、法、德、意、俄、捷克各国诗都利用过这个公式,而最妙的,莫如维荣的《古美人歌》:每一句先问何处是西洋的西施、南威或王昭君、杨贵妃,然后结句道:"可是何处是去年的雪呢?"

巧得很,中国诗里这个公式的应用最多,例如:"壮士皆死尽。余人安在哉?""阁中帝子今何在,槛外长江空自流。""今年花落颜色改,明年花开复谁在?""同来玩月人何在,风景依稀似去年。""春去也,人何处;人去也,春何处。"莎士比亚的《第十二夜》里的公爵也许要说:

够了。不再有了。就是有也不像从前那样美了。

中国诗人呢,他们都像拜伦《哀希腊》般地问:

他们在何处?你在何处?

问而不答,以问为答,给你一个回肠荡气的没有下落,吞言咽理的没有下文。余下的,像哈姆雷特临死所说,余下的只是静默——深挚于涕泪和叹息的静默。

西洋读者也觉得中国诗笔力轻淡,词气安和。我们也有厚重的诗,给情感、思恋和典故压得腰弯背断。可是中国诗的"比重"确低于西洋诗;好比蛛丝网之于钢丝网。

西洋诗的音调像乐队合奏。而中国诗的音调比较单薄，只像吹着芦管。这跟语言的本质有关，例如法国诗调就比不上英国和德国诗调的雄厚，而英国和德国诗调比了拉丁诗调的沉重，又见得轻了。何况中国古诗人对于叫嚣和呐喊素来视为低品的。我们最豪放的狂歌比了你们的还是斯文；中国诗人狂起来时只不过有凌风出尘的仙意。我造过 aeromantic 一个英文字来指示这种心理。你们的诗人狂起来可了不得！有拔木转石的兽力和惊天动地的神威，中国诗绝不是贵国惠特曼所谓"野蛮犬吠"，而是文明人话，并且是谈话，不是演讲，像良心的声音又静又细——但有良心的人全听得见，除非耳朵太听惯了麦克风和无线电或者……

我有意对中国诗的内容忽略不讲。中国诗跟西洋诗在内容上无甚差异；中国社交诗特别多，宗教诗几乎没有，如是而已。譬如田园诗——不是浪漫主义神秘地恋爱自然，而是古典主义的逍遥林下——有人认为是中国诗的特色。不过自从罗马霍瑞斯《讽训集》卷二第六首以后，跟中国田园诗同一型式的作品，在西洋诗卓然自成风会。又如下面两节诗是公认为洋溢着中国特具的情调的："采菊东篱下，悠然见南山。山气日夕佳，飞鸟相与还。""众鸟高飞尽，孤云独去闲。相看两不厌，只有敬亭山。"我试举两首极普通的外国诗来比，第一是格雷《墓地哀歌》的首节：

> 晚钟送终了这一天，
> 牛羊咻咻然徐度原野，
> 农夫倦步长道回家，
> 仅余我与暮色平分此世界。

第二是歌德的《漫游者的夜歌》：

> 微风收木末，
> 群动息山头。
> 鸟眠静不噪，
> 我亦欲归休。

口吻情景和陶渊明、李太白相似得令人惊讶。中西诗不但内容常相同，并且作风也往往暗合。斯屈莱欠就说中国诗的安静使他联想起魏尔兰的作风。我在别处也曾详细说明贵国爱伦·坡的诗法所产生的纯粹诗，我们诗里几千年前早有了。

所以，你们讲，中国诗并没有特别"中国"的地方。中国诗只是诗，它该是诗，比它是"中国的"更重要。好比一个人，不管他是中国人、美国人、英国人，总是人。有种卷毛凹鼻子的哈巴狗儿，你们叫它"北京狗"，我们叫它"西洋狗"，《红楼梦》的"西洋花点子哈巴狗儿"。这只在西洋就充中国而在中国又算西洋的小畜生，该磨快牙齿，咬那些谈中西本位文化的人。每逢这类人讲到中国文艺或思想的特色等等,我们不可轻信,好比我们不上"本店十大特色"那种商业广告的当一样。中国诗里有所谓"西洋的"品质,西洋诗里也有所谓"中国的"成分。在我们这儿是零碎的、薄弱的,到你们那儿发展得明朗圆满。反过来也是一样。因此,读外国诗每有种他乡忽遇故知的喜悦,会引导你回到本国诗。这事了不足奇。希腊神秘哲学家早说,人生不过是家居,出门,回家。我们一切情感、理智和意志上的追求或企图不过是灵魂的思家病,想找着一个人、一件事物、一处地位,容许我们的身心在这茫茫漠漠的世界里有个安顿归宿,仿佛病人上了床,浪荡子回到家。出门旅行,目的还是要回家,否则不必牢记着旅途的印象。研究我们的诗准使诸位对本国的诗有更深的领会,正像诸位在中国的小住能增加诸位对本国的爱恋,觉得甜蜜的家乡因远征增添了甜蜜。

## 阅读导引

钱锺书在《谈中国诗》一文中,主要介绍了中外诗歌在形式上的不同点,以及对待中国诗歌以及中国诗歌研究的正确态度,文中既批评某些中国人自信于中国本土文化的心理,又直指了某些西方人片面以欧美文化为中心的偏见。论述贯通中西,广引博征,使文章跌宕生姿,别具风采,且评论见解生动奇巧。对于这类文艺评论性的文章,我们应该好好把握,也要在阅读的过程中,体会作者钱锺书幽默风趣的语言风格。

结合本文,请谈一谈如何以"中国诗短诗多,长诗少"这种现象,引出鉴赏诗歌的正确态度。钱锺书先生以比较方式谈中国诗,对于我们鉴赏品读文学作品有什么启示?

# 陆游与辛弃疾

陆游和辛弃疾，提起这两位杰出的诗人，立即又让人想起宋朝风雨飘摇的军事危难。

很奇怪，这种危难其实所有的人都感受了，包括朱熹和其他哲学家在内，为什么一到陆游和辛弃疾身上，才让人加倍地震撼呢？

我想，这就是诗人和哲学家的区别了。诗人是专门来感受时代风雨的。他们捺不下性子来像朱熹他们那样长坐在屋宇的书架前深思熟虑，而总是呕呕走到廊外领受骤变的气温，观察可疑的天色。他们敏感，他们细致，他们激动。一有风吹草动，他们就衣衫飘飘地消失在荒野间了。人们可以远远地听到他们的声音，不知是呐喊，还是歌吟。

辛弃疾获知朱熹去世的消息后，又听说有关当局严禁参加悼念仪式。他立即起身前往，并致悼词："所不朽者，垂万世名，孰谓公死，凛凛犹生。"

这便是诗人特有的勇敢。如果不是当局严禁，辛弃疾倒未必亲自前往。

这样的诗人，面对外族入侵时的心灵冲撞，当然远远超过朝廷战将和广大民众。

因此，陆游、辛弃疾不仅成了宋代，而且也成了整个中国古代最爽利、最典雅的抗战话语的营造者。

但是，在中国历史上，慷慨激昂的抗战话语并不缺少，为什么到了陆游、辛弃疾那里，便达到了难于企及的高度？

我曾经带着这个问题，一遍遍诵读他们的诗句，渐渐得到了一些答案。

首先，他们有理由比别的时代更热爱神州大地，也就是热爱唐宋以来展现的臻于充分成熟的赫赫文明，因此由衷地产生了捍卫的责任，这与古代枭雄死士们的气吞山河很不一样。

其次，他们有参与军事、政事的切身经历，在朔北风尘和沙场剑戟中培养起了一种真正的男子汉气质，这与其他文人墨客们的纸上纵情大不相同。

第三，他们始终笼罩在屡战屡败的阴云中，巨大的危机感铸就了一种沉郁、苍凉、

---

本文作者余秋雨。标题为编者所加，文章选入时有删改。

豪迈、无奈的美学风格，这与尚武时代的长风马蹄、纵横九州又大相径庭。

第四，他们深受唐宋文化的濡养，又处于一个文学写作特别自由的时代，在表述万里山河与书生情怀之间的诗化关系上，达到了娴熟、自如、醇洌的境界，这又非一般英雄豪杰的铿锵言辞所能比拟。

正是由于以上这些原因，我们拥有了不管什么时候诵读都会心跳不已的那些诗句。

我在动手写作这篇文章前有一个自我约束：千万不能多谈陆游和辛弃疾。原因是我从十几岁开始就深深迷上他们了，直到今天，他们诗句中有一些东西还会像迷幻药一样让我失去应有的平静。什么东西呢？我前面说了，就是那种要命的男子汉气质。

那么，就让我用最克制的方式各引他们的一首作品，只引一首，然后，再说一句他们两人的生命终结。其实这些大家都是知道的，但我还是舍不得跳过。

陆游的作品中我选了这一首：

当年万里觅封侯，匹马戍梁州。关河梦断何处？尘暗旧貂裘。

胡未灭，鬓先秋，泪空流。此生谁料，心在天山，身老沧洲！

辛弃疾的作品中我选了这一首：

醉里挑灯看剑，梦回吹角连营。八百里分麾下炙，五十弦翻塞外声，沙场秋点兵。

马作的卢飞快，弓如霹雳弦惊。了却君王天下事，赢得生前身后名，可怜白发生！

极文极武，极壮极悲，极梦极醒，又诉之于极度的开阔和潇洒。一上口，浑身痛快。

陆游去世时，给儿子留下了一份这样的遗嘱："死去元知万事空，但悲不见九州同。王师北定中原日，家祭无忘告乃翁。"

辛弃疾去世时连喊三声"杀敌"，然后气绝。

我不知道世界上还有哪个国家的顶级诗人是这样走向死亡的。

陆游企盼的王师和辛弃疾寻杀的敌人，在历史进程中已失去了绝对意义。但是，这些诗句包含的精神气质却留下来了，直指一种刚健超迈的人生美学。我一直不希望人们把这样的诗句当作历史事件的写照，或当作民族主义的宣教，那实在是大材小用了。人生美学比什么都大，就像当年欧洲莱茵河流域中世纪庄园的大门突然打开，快马上的骑士手持长剑，黑斗篷在风中飘飘洒洒掠过原野。历史铭记的就是这个形象，至于他去哪里，与谁格斗，都不重要。

有的学者说，宋代扼杀了大诗人陆游和辛弃疾，我不同意。陆游是活到整整八十五岁才去世的，辛弃疾没那么长寿，也活了六十七岁。我不知道所谓的"扼杀"是指什么。是让他们做更高的官吗？是让他们写更多的诗吗？在我看来，官不能再高了，诗已经够多了。

我的观点正相反：是宋代，造就了他们万古流芳的人生美学。

**阅读导引**

本文节选自余秋雨《中国文脉》书中《乱麻蕴藏》一文，作者认为文官政治的本性是君子政治，诗人是专门来感受时代风雨的。在中国历史上，慷慨激昂的抗战话语并不缺少，为什么到了陆游、辛弃疾那里，便达到了难以企及的高度？那是因为他们深受唐宋文化的濡养，又处于一个文学写作特别自由的时代，在表述万里山河与书生情怀之间的诗化关系上，达到了娴熟、自如、醇冽的境界。难怪余秋雨说"是宋代，造就了他们万古流芳的人生美学"。

读完文章，请说一说文中辛弃疾前往朱熹悼念仪式的故事有何作用。结合全文，也可查阅相关资料，谈一谈你对"极文极武，极壮极悲，极梦极醒，又诉之于极度的开阔和潇洒"的理解。

# 读 书 的 艺 术

读书或书籍的享受素来被视为有修养的生活上的一种雅事，而在一些不大有机会享受这种权利的人们看来，这是一种值得尊重和妒忌的事。当我们把一个不读书者和一个读书者的生活上的差异比较一下，这一点便很容易明白。那个没有养成读书习惯的人，以时间和空间而言，是受着他眼前的世界所禁锢的。他的生活是机械化的，刻板的。他只跟几个朋友和相识者接触谈话，他只看见他周遭所发生的事情。他在这个监狱里是逃不出去的。可是当他拿起一本书的时候，他立刻走进一个不同的世界。如果那是一本好书，他便立刻接触到世界上一个最健谈的人。这个谈话者引导他前进，带他到一个不同的国度或不同的时代，或者对他发泄一些私人的悔恨，或者跟他讨论

---

本文作者林语堂，选入时有删改。

一些他从来不知道的学问或生活问题。一个古代的作家使读者随一个久远的死者交通；当他读下去的时候，他开始想象那个古代的作家相貌如何，是哪一类的人。孟子和中国最伟大的历史家司马迁都表现过同样的观念。一个人在十二小时之中，能够在一个不同的世界里生活两小时，完全忘怀眼前的现实环境：这当然是那些禁锢在他们的身体监狱里的人所妒羡的权利。这么一种环境的改变，由心理上的影响说来，是和旅行一样的。

不但如此，读者往往被书籍带进一个思想和反省的境界里去。纵使那是一本关于现实事情的书，亲眼看见那些事情或亲历其境，和在书中读到那些事情，其间也有不同的地方，因为在书本里所叙述的事情往往变成一片景象，而读者也变成一个冷眼旁观的人。所以，最好的读物是那种能够带我们到这种沉思的心境里去的读物，而不是那种仅报告事情的始末的读物。我认为人们花费大量的时间去阅读报纸，并不是读书，因为一般阅报者大抵只注意到事件发生或经过的情形的报告，完全没有沉思默想的价值。

据我看来，关于读书的目的，宋代的诗人和苏东坡的朋友黄山谷所说的话最妙。他说："三日不读，便觉语言无味，面目可憎。"他的意思当然是说，读书使人得到一种优雅和风味，这就是读书的整个目的，而只有抱着这种目的的读书才可以叫作艺术。一人读书的目的并不是要"改进心智"，因为当他开始想要改进心智的时候，一切读书的乐趣便丧失净尽了。他对自己说："我非读莎士比亚的作品不可，我非读索福克里斯的作品不可，我非读伊利奥特博士的《哈佛世界杰作集》不可，使我能够成为有教育的人。"我敢说那个人永远不能成为有教育的人。他有一天晚上会强迫自己去读莎士比亚的《哈姆雷特》，读毕好像由一个噩梦中醒转来，除了可以说他已经"读"过《哈姆雷特》之外，并没有得到什么益处。一个人如果抱着义务的意识去读书，便不了解读书的艺术。这种具有义务目的的读书法，和一个参议员在演讲之前阅读文件和报告是相同的。这不是读书，而是寻求业务上的报告和消息。

所以，依黄山谷的说话，那种以修养个人外表的优雅和谈吐的风味为目的的读书，才是唯一值得嘉许的读书法。这种外表的优雅显然不是指身体上的美。黄氏所说的"面目可憎"，不是指身体上的丑陋。丑陋的脸孔有时也会有动人之美，而美丽的脸孔有时也会令人看来讨厌。我有一个朋友，头颅的形状像一颗炸弹，可是看到他却使人欢喜。据我在图画上所看见的西洋作家，脸孔最漂亮的当推吉斯透顿。他的髭须、眼镜、又粗又厚的眉毛和两眉间的皱纹，合组而成一个恶魔似的容貌。我们只觉得那个头额中有许许多多的思念在转动着，随时会由那对古怪而锐利的眼睛里迸发出来。那就是黄氏所谓的美丽的脸孔,一个不是由脂粉装扮起来的脸孔,而是纯然由思想的力量创造出来的脸孔。讲到谈吐的风味,那完全要看一个人读书的方法如何。如果读者获得书中的"味",他便会在谈吐中把这种风味表现出来;如果他的谈吐中有风味,他在写作中也免不了会表现出风味来。

所以,我认为风味或嗜好是阅读一切书籍的关键。这种嗜好跟对食物的嗜好一样,必然是有选择性的,属于个人的。吃一个人所喜欢吃的东西终究是最合卫生的吃法,因为他知道吃这些东西在消化方面一定很顺利。读书跟吃东西一样,"在一人吃来是补品,在他人吃来是毒质"。教师不能以其所好强迫学生去读,父母也不能希望子女的嗜好和他们一样。如果读者对他所读的东西感不到趣味,那么所有的时间全都浪费了。袁中郎曰:"所不好之书,可让他人读之。"

且同一本书,同一读者,一时可读出一时之味道来。其景况适如看一名人相片,或读名人文章,未见面时,是一种味道,见了面交谈之后,再看其相片,或读其文章,自有另外一层深切的理会。或是与其人绝交以后,看其照片,读其文章,亦另有一番味道。四十学《易》是一种味道,到五十岁看过更多的人世变故的时候再去学《易》,又是一种味道。所以,一切好书重读起来都可以获得益处和新乐趣。我在大学的时代被学校强迫去读《西行记》和《亨利埃士蒙》,可是我在十余岁时候虽能欣赏《西行记》的好处,《亨利埃士蒙》的真滋味却完全体会不到,后来渐渐回想起来,才疑心该书中的风味一定比我当时所能欣赏的还要丰富得多。

由是可知读书有两方面,一是作者,一是读者。对于所得的实益,读者由他自己的见识和经验所贡献的分量,是和作者自己一样多的。宋儒程伊川先生谈到孔子的《论语》时说:"读《论语》,有读了全然无事者;有读了后,其中得一两句喜者;有读了后,知好之者;有读了后,直有不知手之舞之足之蹈者。"

我认为一个人发现他最爱好的作家,乃是他的知识发展上最重要的事情。世间确有一些人的心灵是类似的,一个人必须在古今的作家中,寻找一个心灵和他相似的作家。他只有这样才能够获得读书的真益处。一个人必须独立自主去寻出他的老师来,没有人知道谁是你最爱好的作家,也许甚至你自己也不知道。这跟一见倾心一样。人家不能叫读者去爱这个作家或那个作家,可是当读者找到了他所爱好的作家时,他自己就本能地知道了。关于这种发现作家的事情,我们可以提出一些著名的例证。有许多学者似乎生活于不同的时代里,相距多年,然而他们思想的方法和他们的情感却那么相似,使人在一本书里读到他们的文字时,好像看见自己的肖像一样。

以中国人的语法说来,我们说这些相似的心灵是同一条灵魂的化身,例如有人说苏东坡是庄子或陶渊明转世的①,袁中郎是苏东坡转世的。苏东坡说,当他第一次读庄子的文章时,他觉得他自从幼年时代起似乎就一直在想着同样的事情,抱着同样的观念。当袁中郎有一晚在一本小诗集里,发现一个名叫徐文长的同代无名作家时,他由床上跳起,向他的朋友呼叫起来,他的朋友开始拿那本诗集来读,也叫起来,于是两人叫复读,读复叫,弄得他们的仆人疑惑不解。伊利奥特说她第一次读到卢骚的作品时,好像受了电流的震击一样。尼采对于叔本华也有同样的感觉,可是叔本华是一个乖张易怒的老师,而尼采是一个脾气暴躁的弟子,所以这个弟子后来反叛老师,是很自然的事情。

只有这种读书方法,只有这种发现自己所爱好的作家的读书方法,才有益处可言。像一个男子和他的情人一见倾心一样,什么都没有问题了。她的高度,她的脸孔,她的头发的颜色,她的声调和她的言笑,都是恰到好处的。一个青年认识这个作家,是不必经他的教师的指导的。这个作家是恰合他的心意的;他的风格,他的趣味,他的观念,他的思想方法,都是恰到好处的。于是读者开始把这个作家所写的东西全都拿来读了,因为他们之间有一种心灵上的联系,所以他把什么东西都吸收进去,毫不费力地消化了。这个作家自会有魔力吸引他,而他也乐自为所吸;过了相当的时候,他自己的声音相貌,一颦一笑,便渐与那个作家相似。这么一来,他真的浸润在他的文学情人的怀抱中,而由这些书籍中获得他的灵魂的食粮。过了几年之后,这种魔力消失了,他对这个情人有点感到厌倦,开始寻找一些新的文学情人;到他已经有过三四个情人,而把他们吃掉之后,他自己也成为一个作家了。有许多读者永不曾堕入情网,正如许多青年男女只会卖弄风情,而不能钟情于一个人。随便哪个作家的作品,他们都可以读,一切作家的作品,他们都可以读,他们是不会有什么成就的。

这么一种读书艺术的观念,把那种视读书为责任或义务的见解完全打破了。在中国,常常有人鼓励学生"苦学"。有一个实行苦学的著名学者,有一次在夜间读书的时候打盹,便拿锥子在股上一刺。又有一个学者在夜间读书的时候,叫一个丫头站在他的旁边,看见他打盹便唤醒他。这真是荒谬的事情。如果一个人把书本排在面前,而在古代智慧的作家向他说话的时候打盹,那么,他应该干脆地上床去睡觉。把大针刺进小腿或叫丫头推醒他,对他都没有一点好处。这么一种人已经失掉一切读书的趣味了。有价值的学者不知道什么叫作"磨练",也不知道什么叫作"苦学"。他们只是爱

---

① 苏东坡曾做过一件卓绝的事情:他步陶渊明诗集的韵,写出整篇的诗来。在这些《和陶诗》后,他说他自己是陶渊明转世的;这个作家是他一生最崇拜的人物。

好书籍，情不自禁地一直读下去。

这个问题解决之后，读书的时间和地点的问题也可以找到答案。读书没有合宜的时间和地点。一个人有读书的心境时，随便什么地方都可以读书。如果他知道读书的乐趣，他无论在学校内或学校外，都会读书，无论世界有没有学校，也都会读书。他甚至在最优良的学校里也可以读书。曾国藩在一封家书中，谈到他的四弟拟入京读较好的学校时说："苟能发奋自立，则家塾可读书，即旷野之地，热闹之场，亦可读书，负薪牧豕，皆可读书。苟不能发奋自立，则家塾不宜读书，即清净之乡，神仙之境，皆不能读书。"有些人在要读书的时候，在书台前装腔作势，埋怨说他们读不下去，因为房间太冷，板凳太硬，或光线太强。也有些作家埋怨说他们写不出东西来，因为蚊子太多，稿纸发光，或马路上的声响太嘈杂。宋代大学者欧阳修说他的好文章都在"三上"得之，即枕上、马上和厕上。有一个清代的著名学者顾千里据说在夏天有"裸体读经"的习惯。在另一方面，一个人不好读书，那么，一年四季都有不读书的正当理由：

　　春天不是读书天；夏日炎炎最好眠；等到秋来冬又至，不如等待到来年。

那么，什么是读书的真艺术呢？简单的答案就是有那种心情的时候便拿起书来读。一个人读书必须出其自然，才能够彻底享受读书的乐趣。他可以拿一本《离骚》或奥玛开俨的作品，牵着他的爱人的手到河边去读。如果天上有可爱的白云，那么，让他们读白云而忘掉书本吧，或同时读书本和白云吧。在休憩的时候，吸一筒烟或喝一杯好茶则更妙不过。或许在一个雪夜，坐在炉前，炉上的水壶铿铿作响，身边放一盒淡巴菰，一个人拿了十数本哲学、经济学、诗歌、传记的书，堆在长椅上，然后闲逸地拿起几本来翻一翻，找到一本爱读的书时，便轻轻点起烟来吸着。金圣叹认为雪夜闭户读禁书，是人生最大的乐趣。陈继儒（眉公）描写读书的情调，最为美妙："古人称书画为丛笺软卷，故读书开卷以闲适为尚。"在这种心境中，一个人对什么东西都能够容忍了。此位作家又曰："真学士不以鲁鱼亥豕为意，好旅客登山不以路恶难行为意，看雪景者不以桥不固为意，卜居乡间者不以俗人为意，爱看花者不以酒劣为意。"

关于读书的乐趣，我在中国最伟大的女诗人李清照的自传里，找到一段最佳的描写。她的丈夫在太学做学生，每月领到生活费的时候，他们夫妻总立刻跑到相国寺去买碑文水果，回来夫妻相对展玩咀嚼，一面剥水果，一面赏碑帖，或者一面品佳茗，一面校勘各种不同的版本。她在《金石录后序》这篇自传小记里写道：

　　余性偶强记，每饭罢，坐归来堂烹茶，指堆积书史，言某事在某书某卷第几页第几行，以中否角胜负，为饮茶先后。中即举杯大笑，至茶倾覆怀中，反不得饮而起。

　　甘心老是乡矣！故虽外忧患困穷而志不屈。……于是几案罗列，枕席枕藉，意会心谋,目往神授,乐在声、色、狗、马之上。……

这篇小记是她晚年丈夫已死的时候写的。当时她是个孤独的女人,因金兵侵入华北,只好避乱南方,到处漂泊。

◀◀ 阅读导引 ▶▶

林语堂文学底蕴丰厚,一生所读书籍无数。《读书的艺术》这篇文章文笔简洁,行文起落有致,用谈心和说理的叙事方法,层层推进地表现"读书的艺术"。他首先点明读书的趣味,认为书籍能够将人带入一个与日常生活迥然不同的世界。作者认为那种抱着"书中自有颜如玉,书中自有黄金屋"的想法去读书的人,显然不可能真正享受读书的乐趣。全文有理有据,层层推进,显示了作者深厚的文学与逻辑功底。

文章所谈到的关于"读书的艺术"包含几个方面内容?你如何看待作者说的"一个人发现他最爱好的作家,乃是他的知识发展上最重要的事情"这句话?请结合文本进行探究。林语堂认为读书的关键是"风味或嗜好",对此你是怎么认识的?简要谈谈你的理解。

# 我看舞蹈的美

舞之美,是人的美。它是一种艺术,当然有艺术美,但它所假之物并不是声、色、字、词,而是天生的,自然存在的人,因此它首先又是一种自然的美。它努力挖掘人的灵秀之气,给人一种高级的美感。我国第一个提倡使用模特儿的美术教育家刘海粟先生说过:美的要素有二,一是形式,二是表现。人体充分具有这二要素,外有美妙的形式,内蕴不可思议的灵感,融合物质的美和精神的美的极致而为一体,所以为美中之至美。当我们看着舞台上那舞动着的美人时,她(他)举手、投足、弯腰、舒臂,那美的形态、身段、轮廓、线条,恰好表现了美的内蕴、美的感情,而不必借助什么道具。

---

本文作者梁衡,选入时有改动。

当然，舞台上的演员绝不是画室里的模特儿。舞蹈除自然美外，更重艺术美，于是便要讲到衣饰。但这衣饰决不像旧戏那样给人套上死板的程式，也不像话剧那样过分地写实。它是绿荷上的露珠，是峭壁上的青藤，是红花下的绿叶，是翠柳上的黄鹂，是一种微妙的附着。它不过是为了揭示舞者美的存在，像几片白云说明天空的深蓝；它不过是为了衬托舞者美的形象，像流水绕过幽静的山冈。在舞台上作为外形之物，无论是先天的人体，还是后来补充的服饰，在形、体、色、质上都有极美的苛求，真可谓"四美具，二难并"，从而汇成为一种更理想、更美的"形"。为了表示飞动，西方艺术中有一种小天使，胖墩墩的孩子，两胁下却生出一对肉翅，显得十分生硬。这何如我们敦煌石窟里的飞天，窈窕女子，肩垂飘带，升起在天空。人着衣披带本是很自然的事，但这自然的衣着，顿使沉重的人体化为轻捷的一叶，潇洒、舒展、轻盈、自如，满台生风。人外形的美，内蕴的美，都因那轻淡饰物的勾勒与揭示而成一种美的理想、美的憧憬而挥发开来。国画界有以形写神与以神写形之争，从这个角度观之，舞者真是靠自己的外美之形来写内美之神了。

再者，飘动的舞者，又绝不是静止的雕像，所以造型美外，更讲情感。这便要借助音乐。本来，演员在那铃响幕启之前，是先在体内储满一汪情感的，上台后全待那乐声的煦风拂来，才摇曳荡漾，粼粼生辉。乐声之于舞，如松涛上的清风，如干柴上的火焰，如桂树林间的香馨，如钱塘江面的大潮。当我们耳闻乐声而目观舞台时，更多体味的已不是形、色、物、体，而是神，是情，是韵，是一种充蕴全场、流动飘浮、深幽朦胧的美，是一种逆接千古、迁绵未来、辽阔久远的美。当斗牛士的乐曲响起时，那狂热的西班牙舞步，便是催人上阵的鼓点，我们激动、昂奋，仿佛一场决斗就在眼前。当《康定情歌》飘过时，那冉冉的舞、影，便是夏日给人小憩的阴凉，我们的心头一片静谧、惆怅，就像仰卧在康定草原上，看月亮弯弯。这时，长袖在台上飘动，音符在空中隐现，舞者所内蕴外观的美，一起随着乐声融为一股感情的潮流，在观众的前后左右穿流激荡。对观众来说，现在已不是观看，而是在闭目听，凝神想，用心，用身，去与演员交流了。这时再看台上的演员，观众已经绕过直观而通过她心灵深处的那一泓秋水，在波光中照见了一个是她，但比她更美的形象。这便又是以神写形了。

我们知道，在客观世界上，存在着许多的美：大自然千姿百态的美；几何图形整齐组合的美；孩童天真烂漫的美；中年精壮强健的美；老者深熟沉静的美；美术家的色彩线条美；音乐家的声音和谐美；连被一般人认为最刻板的自然科学，也有它的"工程美"；连最枯燥的哲学，也有它的哲理美。这些美都是不同的人，在各自不同的环境与条件下孜孜以求，乐而自得的。而舞蹈，因为它不假任何别的手段，是一种真正以生命自身来塑造的艺术，因此它也最有灵性。舞者，是一面镜，能照出各人的影；舞姿，是一阵风，能拂动各人的情；舞台，是一面大的雷达，能接收与反射各人的思想。当我们在大剧场里落座，四周灯光渐暗，乐声轻起，台上演员翩跹起舞时，我们便一下获得了一种共同的美。你看她一笑一颦，一起一停，一甩手投足，挺拔、秀丽、高朗、愁忧，仿佛社会上一切美的物，美的情，这时全都聚在她的身上，成一团美的魅力。她早已不是她自己，而是一位法力无边的美神。她翻起人们的回忆，惹动人们的情思，牵动整个美的世界。这时平日里在你心中储存着的一切美好的形象，清风明月夜，风和日丽春，小桥流水，百鸟啾鸣，都会突然闪现在你的眼前，泛起在你的脑海。刹那间美的信息开始了奇妙的交流。

本来，舞蹈就是因人内心情感的摇荡而不由要手舞足蹈。明月当空，花间的李白无亲自怜，便起舞清影，举杯邀月；大江上的曹操有雄兵百万，就横槊赋诗，酹酒江心。今舞者，正是从人们平常不自觉的动作中，抽出最美的、规律性的东西，以衣具饰之，以音乐和之，酿成一股酒香，反过来荡摇人的感情。所以，老者观舞，会生还少的乐趣；少年观舞，会陷入一片深沉；科学家在这里能为自己的规律找到美的表述方式；哲学家在这里能为自己的哲理找到美的形象。怀素和尚观公孙大娘一舞而得书法之精妙，杜甫观公孙弟子之舞而有华章传世。人们与其说是在欣赏舞蹈，实际是在发现与升华自己潜在的美的意识、美的素养。因为，无论是演员还是观者，他们都是最有灵感的高级生命。虽说表演艺术中还有话剧，但它主要靠台词；还有戏曲，但它主要靠唱腔；还有电影，那便更要借助许多手段。只有舞蹈是纯靠人的外形与内蕴。它的美，实在是特别的。

▶▶ 阅读导引 ◀◀

　　舞蹈，是一种真正以生命自身来塑造的艺术，因此它也最有灵性。梁衡的散文具有传统散文的审美性质，语言精练又简洁，古朴而不失巧妙，理性与哲思并存。本文中，作者从"自然之美"到"情感之美"到"生命之美"再到"平凡之美"，最后到达"自我塑造之美"。

　　作者探舞蹈之美，文中为何又要举"李白""曹操"和"怀素""杜甫"两组事例呢？从舞者和观众不同的角度分析"以神写形"的含义。从全文看，作者认为舞蹈的美表现在哪些方面？请结合文本内容作具体说明。

# 论 言 谈

有些人的讲话，只图博得机敏的虚名，却并不关心对真理的讨论。仿佛语言形式比思想实质还有价值。有些人津津乐道于某种陈词滥调，而其意态却盛气凌人。这种人一经识破，就难免成为笑柄。真正精于谈话艺术者，是善于引导话题的人。同时又是那种善于使无意义的谈话转变方向者。这种人可算作社交谈话中的指挥师。单调无聊的谈话会令人生厌，因此，善于言谈者必善幽默。但这种幽默，并不意味着对一切事物都可以拿来打趣。例如关于宗教、政治、伟人以及别人的令人同情的苦恼，等等，决不应用作话题加以取笑。在有的人看来，如果说话不够刻薄，便不足以显示自己聪明，其实这种习性应该加以根绝。

谈话中善于提问，必能多有受益。而所提问题，如果又恰是被问者的特长，那就比直接恭维他还有利。这不仅能使听者获得教益，也能使被请教者感到愉快。但提问应当掌握好分寸，以免使询问变成盘问，使被问者难堪。作为客厅中的主人，应当使在座的每个人都分享发表意见的机会，以免有人产生被冷落之感。遇到有人独占谈局，主人就应当设法将话题转移。还要记住，善于保持沉默也是谈话的一种艺术。因为如果你对于你有所了解的话题不动声色，那么下次遇到你所不懂得的话题，你保持沉默，人们也不会以为你无知。

关于自己个人的话题应尽量少讲，至少不要讲得不得当。我有个朋友，他总用这样的话讽刺一个自吹自擂的人，说："此公真聪明，因为他居然对自己无所不知。"人只有在一种情况下宣扬自己，才可以不招致反感，这就是以赞扬他人优点的形式来衬托自己的优点。

谈话的范围应当广泛，好像一片原野，每个人行走其中都能左右逢源。而不要成为一条单行道，只能容纳自己一个人。

谈话时切不可出口伤人。我有两位贵族朋友，其中一位豪爽好客，就是喜欢骂人。于是另一位便经常这样询问那些参加过他家宴会的人，"请说实话，这次席上难道没有

---

本文作者[英]培根，译者何新，选入时有删改。

人挨骂吗？"等客人谈完，这位贵族就微笑着说："我早猜到他那张嘴，能使一切好菜改变味道。"关于谈话的艺术还应当了解：温和的语言其力量胜过雄辩。不善答问者是笨拙的，但没有原则的诡辩却是轻浮的。讲话绕弯子太多令人厌烦，但过于直截了当又会显得唐突。能掌握此中分寸的人，才算精通了谈话的艺术。

### 阅读导引

《论言谈》是培根《论说文集》中的一篇，书中共收有《论读书》《论真理》等58篇随笔，是英国随笔文学的开山之作，以简洁的语言、优美的文笔、透彻的说理、迭出的警句受到读者的喜爱和推崇，是培根在文学领域最主要的代表作。本文主要围绕言谈时应如何讲究谈话艺术这一问题，阐明了培根的见解。

作者认为与人交谈应注意避免哪些错误？请你写一个生活中的事例作为论据来支撑本文作者想要表达的观点。

# 第三单元
# 戏剧人生

  戏剧是一种舞台综合艺术，通过演员的表演来反映人生的风云变幻、悲欢离合、酸甜苦辣。剧本是表演的基础，既要体现其文学性，具有一般叙事性作品的特点，也必须符合艺术表演的要求。阅读戏剧、电影剧本的时候，我们会看到很多舞台提示，也能看到编剧设计的台词。

  让我们把目光投身于本单元的剧本中，通过阅读，感受戏剧通过个性化的语言和人物动作如何展现矛盾冲突。了解剧本的写作形式，提高戏剧艺术的鉴赏能力。

# 三块钱国币

剧中人物

　　吴太太——抗战期间，西南的某一省城的热闹街上所看到、听到、"碰"到的无数外省人之一。年三十以上，擅长口角，说得出做得出。如果外省人受本省人的欺侮是一条公例，她是一个例外。

　　杨长雄——抗战期间，跟着学校迁移，上千的流离颠沛的大学生之一。年二十左右，能言善辩，见义勇为，有年轻人爱管闲事之美德。如果外省人袒护外省人是一条公例，他是一个例外。

　　成　众——休假日，杨长雄卧室中进进出出的许多少年朋友之一。年岁与杨相若，言语举动常带有自然而不自觉的幽默。如果一个人厌恶女人的啰唆，喜欢替朋友排难解纷是一条公例，他好像是一个例外。

　　李　嫂——物价飞涨、工资高贵的非常时期中，许多从乡间来省城谋生赚钱的年轻女佣之一。年二十以下，毫无职业经验。初出茅庐，虽得其时，而未得其主。如果一个女佣只有赚钱，不会贴钱，只有正当的或不正当的增加财产，不会损失财产是一条公例，她确实是一个例外。

　　警　察——当然是西南某一省城内许多维持治安的警察之一。但在数目的比率上，微有不同，因为在这一个城内，不但警察数目较多，卫队、宪兵、纠察、侦探亦较多。然这与本剧无关，没有说明之必要。如果警察应该尊重权威、专门招呼汽车是一条公例，他不是一个例外。

---

本文作者丁西林，选入时有改动。

时　　间　　1939年抗战期间

地　　点　　西南的某一省城

布　　景　　一个旧式住宅的四合院子。上面是有廊子的三间正房，是吴太太的住所。右面是两间矮小的厢房，是杨长雄的公寓。左面两间厢房，一为厨房，一为出门的过道。院子里有树有花，也有晒着的被单，女人的内衣和小孩的尿布等。廊子上堆着别无放处的桌子、椅子、茶几、板凳和小孩的车马等。

〔开幕时，吴太太在收拾晒干的东西，有的只是折好，有的先需熨平。杨长雄坐在窗外的一个蒲团上看书，晒太阳。

吴太太　（继续开幕以前的口角）穷人，穷人，这个年头，哪一个不穷呃，哪一个不是穷人呢？白米卖到六十块钱一担，猪肉一块五毛钱一斤，三毛钱一棵白菜，一毛钱一盒洋火，从来没有听说过。穷人，穷人，是的，做娘姨的是穷人，做主人的个个是发财的吗，这个年头，只有军阀，只有奸商，没有良心的人，才会发财呀，我们可不是这样的人——这样的三间破房子，一个月要四十块钱的房租。打仗以前，连四块钱都没人要。简直是硬敲竹杠！这样的事，才是欺负人的事，这样的人，才需要旁人去管教管教……（一面说话，一面已折好几件衣服，说时，目常向杨长雄藐视，他显然是她在管教的对象）

〔杨长雄想用两手掩耳，则无手拿书，不得已，用一手把对着声浪的一耳掩上。

吴太太　是的，我用的娘姨是一个穷人，我承认，可是我并没有欺负她。这样贵的伙食，她一个人吃三个人的饭，我并没有扣她的工钱呃。（转调）打破了我的东西，不赔！还有旁人帮忙，说不应该赔。我倒要听听这个大道理。

成　众　（正当他的朋友预备讲道理的时候，从右厢房走出。一手提着一张方凳，一手拿着一盒象棋，走到杨长雄的面前，放下凳子）下棋，下棋。

杨长雄　（放下书本，预备下棋。忽然看了吴太太一眼，想逃出对于下棋不利的恶劣环境）拿到里面去下好不好？

成　众　（没有懂得杨长雄的提议的理由）里面很冷，外面有太阳，外面比里面好得多。（刚说完，就看见杨长雄用大拇指向后指指那恶劣环境的产生者，了解了杨长雄的意思）喔！里面和外面一样！

〔两人排好棋子，开始下棋。

吴太太　（将已经整理过的几件衣服收进屋去。一会走出，手里拿着一只花瓶）呶，看罢，就是同这个一模一样的一只花瓶。还是五年前我从牯岭避暑回上海的时候在九江买的。他要二十块钱一对，是我还了六块钱买下的。用到现在，没有见打破一点。我因为喜欢它的样子，才特地当宝贝似的带在身边。她把那一只打个粉碎！你说可恨不可恨？现在你就是出十块钱一只，也没地方可以买得到。我要她照原价赔我三块钱，可算是十二分的客气了。（说着，将宝贝玩赏了一回，顺手放在廊上的一张茶几上。继续做她未完的工作）

成　众　老兄，你也应该客气客气啊！怎么连将军你说都不说一声！

吴太太　……现在的三块钱，值什么，抵不到以前的三毛钱。照道理应该照市价赔我才是。不过我既说了只要她赔我三块钱，已经说出的话，我不反悔。可是如果连三块钱都不赔我，那可不行！

成　众　（并非认真的）唉，老杨，我和你赌一个输赢好不好？这盘棋，如果你赢了，我出三块钱；如果我赢了，你出三块钱。赢的钱送给李嫂让她还债，怎么样？

杨长雄　李嫂没有债，我也没有钱。你是阔人，三块钱不在乎，我是一个穷光蛋，我的三块钱用处多得很。（用刚听到的口吻）这个年头，自来水笔，卖到六十块钱一支，钢笔头，两块钱一打，九毛钱一瓶墨水，一毛钱一只信封。从来没有听说过！

吴太太　（得到了一个进攻的机会，回头向杨长雄）啊，你知道说穷，你也会说你是一个穷人，那么刚才你说的全是废话！你既知道大家都是穷人，还说什么替穷人想想？你说你是一个穷光蛋，请问，现在哪一个不是穷光蛋？

杨长雄　（被迫抗战）吴太太，你还要多讲吗？

吴太太　我为什么不能多讲？难道我连在我自己家里说话的权利都没有了吗？

杨长雄　（放弃了纸上谈兵）好罢，你既要讲，我就再和你讲好了。你刚才要我讲道理，我为省事起见，没有理会。现在我把这个道理就来讲给你听听。我们都是穷人，不错，不过穷人也有穷人的等级。一个用得起娘姨服侍的太太，如果穷的话，是一个高级的穷人；一个服侍太太的娘姨，是一个低级的穷人；像我这样一个扫地抹桌子要自己动手的穷学生，是一个中级的穷人。如果今天是我这样一个中级穷人，打破了像你这样高级穷人的一只花瓶，也许还可以勉强赔得起。现在不幸得很，打破花瓶的是李嫂，她是你雇佣的一个娘姨，她是一个低级穷人，她赔不起。三块钱在你不在乎，可以不在乎，在她……

吴太太　你这话不通，什么叫作不在乎？……

杨长雄　不要忙,不要忙。请你让我把话讲完。不在乎,就是说,一桌酒席,一场麻将,一双丝袜,一瓶雪花膏,……

吴太太　废话!那是我的钱,我爱怎样花就可以怎样花,旁人管不着。

杨长雄　好,好,好,就说是我说错了,你说对了。就承认这个问题不是在不在乎,也不是赔得起赔不起的问题。这正是我要说的话。穷不穷,赔得起,赔不起,讲的是一个情,人情之情。现在我要说的是一个理,事理之理。我们争的是:一个娘姨打破了主人的一件东西,应该不应该赔偿的问题。我的意见是:一个娘姨打破了主人的东西,不应当赔,主人不应该要她赔。完了。

吴太太　喔!不应该赔?

杨长雄　不应该。

吴太太　花瓶是不是我的东西?

杨长雄　是的。

吴太太　是不是李嫂打破的?

杨长雄　是的。

吴太太　一个人毁坏了别人的东西,应该不应该赔偿?

杨长雄　应该赔偿。

吴太太　好了,还要说什么?

杨长雄　啊,别忙,别忙,你说的是毁坏了别人的东西,可是你不是别人啊!我问你,李嫂是不是你的佣人?

吴太太　是的。

杨长雄　佣人应该不应该替主人做事?

吴太太　当然。

杨长雄　你的花瓶脏了,你要不要她替你擦擦?

吴太太　要她擦擦,是的,可是我没有叫她打破啊。

杨长雄　当然你没有叫她打破。如果是你叫她打破,那就变成执行主人的命令，替主人打破花瓶，那就只有做得快不快、打得好不好的问题，就没有赔偿的问题了。我现在再请问你：从古到今，瓷窑里烧出来的花瓶，少说也有几十万几百万。这些花瓶，现在到哪里去了？一个花瓶是不是有打破的可能？

吴太太　有的。谁可以把它打破？

杨长雄　是呀，谁可以把它打破？我请问你。

吴太太　花瓶的主人可以把它打破，该有花瓶的人可以把它打破。

杨长雄　你这就错了，该有花瓶的人，不会把花瓶打破，因为他没有打破的机会。动花瓶的人，擦花瓶的人，才会把它打破。擦花瓶是娘姨的职务，娘姨是代替主人做事。所以娘姨有打破花瓶的机会，有打破花瓶的权利，而没有赔偿花瓶的义务。好了，还要说什么？

吴太太　胡说八道！

杨长雄　胡说八道？我还有话要说，你要听不要听？

吴太太　我不要听！

杨长雄　你不要听，没有关系！我还是一样的要说。因为你刚才说了半天，你并没有征求我的同意。你说你在你的家里，有你说话的权利，现在我在我的家里，也有我说话的权利。刚才我说的是理，现在我还要说势，"理所当然，势所必至"的势。刚才我听说，你已毫不客气地把李嫂的身上都搜过了。一个主人有没有搜查她雇佣的娘姨的身上的权利，这是一个极严重的法律问题，现在且不去说它。你搜查的结果，你发现了她身上只有三毛钱，对不对？现在你要她赔的不是三毛钱，而是三块钱。这三块钱的巨大赔款你叫她从何而来，所以我劝你……

吴太太　那不用你担心,你等着看好了。

成　众　下棋,下棋。

　　〔杨长雄就此下台,回到象棋的战场,继续未完的棋局。吴太太也继续回到她未完的家事。少停,外边先传进一阵敲门的声音,接着走进一男一女,男的一望而知是一个警察,女的一手提了一个小包袱,从她的可怜神情,也不难猜出,她就是闯了祸的李嫂。

吴太太　啊,警察!你来了,好得很,谢谢你!

警　察　太太!

吴太太　(放下工作,走到来人的近边,指着李嫂,对警察)她是我雇佣的一个娘姨。现在我把她回了,她就要走。她今天早上把我的一只花瓶打破了,我的花瓶原来是一对,(说着,从茶几上将另一花瓶拿来作证)请你看一看,她打破了的那一只,同这一只一模一样。这一对花瓶,是我亲自在江西买的,江西是全国出最好瓷器的地方,你知道,原价六块钱国币一对,现在要到市上去买,十块钱一只也买不到。现在我要她照原价赔我三块钱国币,她自己也已经答应了赔我。她要我扣除她的工钱,可是她以前的工钱,我已经都给了她了。现在我不愿意再用她,因为——因为一对花瓶已经打碎了一只,这剩下的一只,我一时还不想把它打碎。(为谨慎起见,将一时不想打破的花瓶放还到原处)现在我先请问你,她打破了我的东西,应该不应该赔偿?

警　察　是啦吗。

吴太太　好,请你问问她,花瓶是不是她打破的?是不是她答应了愿意赔我?

警　察　(认为用不着问)是啦吗。

吴太太　请你问一问,她是不是答应了赔我三块钱?

警　察　（向李嫂）你懂吗？你打碎了主人家的花瓶，太太要你赔她，赔三块钱国币，你听懂了没有？

　　　〔李嫂低头无言。

吴太太　好了。我已经看过她的包袱和她身上，她只有三毛钱。现在请你等一等。（向杨长雄看了一眼，走进正房。一会，提了一个小包袱走出，向警察）这是她的铺盖。这条巷子的对面，就是一家当铺。我请你带着她把这个铺盖拿到那家当铺去押三块钱交给我。

杨长雄　（从蒲团上跳起来）什么？你要押她的铺盖！

吴太太　是的。

杨长雄　（走到吴太太的面前大有抢夺铺盖之势）岂有此理！你把她的铺盖押了，你叫她睡什么？

吴太太　这是她的铺盖，不是你的铺盖，与你无关！（转向警察）警察，请你过来，我指给你看那一家当铺在哪里。（向门走去）

杨长雄　（走去拦住去路）不行！

吴太太　什么叫不行，这是不是你的东西？打破的是不是你的花瓶？我的事要你来管！——先生，请走开，让我走路！

成　众　（走去把杨长雄拉开）下棋，下棋，下棋，下棋，下棋，下棋。

　　　〔吴太太、警察、李嫂同走出。杨长雄回到蒲团上，气得说不出话来。

成　众　（点燃了一支香烟，也回到原来的位置，静默了一会）这盘棋大概是没有希望下完了罢？（无意地一人代表两方，进行未完的棋局）

杨长雄　（转过气来）唉，气人不气人？这样的蛮家伙，见过没有？捶她一顿，出出气，赞成不赞成？

成　众　（似乎经过了一番考虑）和一个女人打架？不大妙。可是我赞成给她一个教训。

杨长雄　这样的女人，除了拳头的教训，没有别的办法。我想给她几拳，打一个痛快再说。（站了起来，好像真想预备动手的样子）

成　众　（知道这不过只是说说，所以也就随便应应）不甚赞成。（又走了几着棋）

　　［杨长雄在院子里走来走去。成众一人着棋。一会，吴太太从大门走进，面有余怒，进来后，即走进正屋。不久，警察走进，一手提了李嫂的铺盖，一手拿了三张纸币。

警　察　太太！

吴太太　（从屋内走出，看见纸币，同时也看见了铺盖）怎么了？

警　察　这里是三块钱国币，交给你。（呈上手中的纸币）

吴太太　（收下应得的赔款）铺盖怎么了？

警　察　是啦吗，当铺的少奶奶，给了三块钱，听说太太是外省人，她不要李嫂的铺盖。

吴太太　（不甚中听，赶紧将警察向大门引去）对不住得很，对不住得很，谢谢你，谢谢你。（引着警察一同走出）

杨长雄　（向成众）你说丢人罢？……这样的一个无耻的泼妇！

吴太太　（走进，不幸地听到了对她的批评，向杨长雄）什么？你讲什么？你骂人是不是？（向成众）成先生，你听见的，他破口骂人……

成　众　对不起，我在下棋，没有留心到我四周围的环境。

吴太太　（再转向杨长雄，一逼）你以为我没有听见是不是，无耻，我请问你什么叫无耻？（得不到答复）无耻，是的，旁人的事，不用他管，他来多事，才是无耻。一个在背后骂人的人，才是无耻……

　　［杨长雄仍旧无言，一忍。

吴太太　（再逼）……一个大学生，以为了不得，自己说话不通，还想来教训旁人，自己以为是受过高等教育，开口骂人！泼妇，请问什么叫作泼妇？哪一个是泼妇？讲啊！

〔杨长雄欲言而止者再，再忍。

吴太太　（三逼，转到杨长雄的面前）你没的说了是不是？刚才你很会说话，怎么现在连屁也不放了，你骂了人你不承认。你骂了人你不敢承认。这才是无耻。是的，无耻！下流！混蛋！

〔杨长雄面白手颤，忍无可忍。忽然看到了茶几上放着的花瓶，急忙地走去，抢在手中，走到吴太太的面前，双手将花瓶拼命地往地上一掷，花瓶粉碎。

吴太太　（血管暴涨，双手撑腰）你这怎么说！

杨长雄　（理屈词穷，闭紧了嘴唇，握紧了拳头，没的说。忽然灵犀一点，恢复了面色，伸手从衣袋中摸出了三张纸币，送上）三块钱——国币！

〔吴太太事出意外，一时想不出适合环境的言词。抢了纸币，握在手内，捏成纸团，鼓着眼，看着对方。

成　众　（危险暴风波渡过，得到了这一场恶斗的结论）和棋。（收拾棋子）

〔幕落〕

### 阅读导引

丁西林剧作数量不多，但独具风格，尤以独幕喜剧见长。他的戏剧不以滑稽为目的，而擅长通过诙谐的方式化解尖锐的矛盾，在轻松的戏剧氛围里给予社会批判。本剧剧情简单，结构严谨，矛盾集中。围绕女仆李嫂不慎打碎了主人吴太太的一只花瓶，吴太太强迫她按原价赔偿三块钱国币，住在同院的大学生杨长雄极为愤慨，与吴太太发生口角，以此展开。丁西林笔下的人物性格鲜明，语言独有个性，又加以一连串的动作、表情，将人物刻画得活灵活现。

　　戏剧一开始，有吴太太的一段台词，想一想：作者借吴太太之口交代了怎样的故事背景？剧中围绕着李嫂该不该赔钱展开，杨长雄是用哪些道理去驳斥吴太太的？由此看出，他是个怎样的人？对于文章的结尾，杨长雄摔花瓶这一举动，你是如何看待的？成众的最后一句台词有什么含义？

# 茶　　馆（节选）

### 第二幕

人　物　王淑芬、报童、康顺子、李三、常四爷、康大力、王利发、松二爷、老林、难民数人、宋恩子、老陈、巡警、吴祥子、崔久峰、押大令的兵七人、公寓住客二三人、军官、唐铁嘴、刘麻子、大兵三五人。

时　间　与前幕相隔十余年，现在是袁世凯死后，帝国主义指使中国军阀进行割据，时时发动内战的时候。初夏，上午。

地　点　同前幕。

　　〔幕启：北京城内的大茶馆已先后相继关了门。"裕泰"是硕果仅存的一家了，可是为避免被淘汰，它已改变了样子与作风。现在，它的前部仍然卖茶，后部却改成了公寓。前部只卖茶和瓜子什么的；"烂肉面"等等已成为历史名词。厨房挪到后面去，专包公寓住客的伙食。茶座也大加改良：一律是小桌与藤椅，桌上铺着浅绿桌布。

---

本文作者老舍。

墙上的"醉八仙"大画,连财神龛,均已撤去,代以时装美人——外国公司的广告画。"莫谈国事"的纸条可是保存了下来,而且字写得更大。王利发真像个"圣之时者也",不但没使"裕泰"灭亡,而且使它有了新的发展。

〔因为修理门面,茶馆停了几天营业,预备明天开张。王淑芬正和李三忙着布置,把桌椅移了又移,摆了又摆,以期尽善尽美。

〔王淑芬梳时兴的圆髻,而李三却还带着小辫儿。

〔二三学生由后面来,与他们打招呼,出去。

王淑芬 （看李三的辫子碍事）三爷,咱们的茶馆改了良,你的小辫儿也该剪了吧?

李　三　改良!改良!越改越凉,冰凉!

王淑芬　也不能那么说!三爷你看,听说西直门的德泰,北新桥的广泰,鼓楼前的天泰,这些大茶馆全先后脚儿关了门!只有咱们裕泰还开着,为什么?不是因为栓子的爸爸懂得改良吗?

李　三　哼!皇上没啦,总算大改良吧?可是改来改去,袁世凯还是要做皇上。袁世凯死后,天下大乱,今儿个打炮,明儿个关城,改良?哼!我还留着我的小辫儿,万一把皇上改回来呢!

王淑芬　别顽固啦,三爷!人家给咱们改了民国,咱们还能不随着走吗?你看,咱们这么一收拾,不比以前干净,好看?专招待文明人,不更体面?可是,你要还带着小辫儿,看着多么不顺眼哪!

李　三　太太,您觉得不顺眼,我还不顺心呢!

王淑芬　哟,你不顺心?怎么?

李　三　你还不明白?前面茶馆,后面公寓,全仗着掌柜的跟我两个人,无论怎么说,也忙不过来呀!

王淑芬　前面的事归他,后面的事不是还有我帮助你吗?

李　三　就算有你帮助，打扫二十来间屋子，侍候二十多人的伙食，还要沏茶灌水，买东西送信，问问你自己，受得了受不了！

王淑芬　三爷，你说得对！可是呀，这兵荒马乱的年月，能有个事儿做也就得念佛！咱们都得忍着点！

李　三　我干不了！天天睡四五个钟头的觉，谁也不是铁打的！

王淑芬　唉！三爷，这年月谁也舒服不了！你等着，大栓子暑假就高小毕业，二栓子也快长起来，他们一有用处，咱们可就清闲点啦。从老王掌柜在世的时候，你就帮助我们，老朋友，老伙计啦！

〔王利发老气横秋地从后面进来。

李　三　老伙计？二十多年了，他们可给我长过工钱？什么都改良，为什么工钱不跟着改良呢？

王利发　哟！你这是什么话呀？咱们的买卖要是越做越好，我能不给你长工钱吗？得了，明天咱们开张，取个吉利，先别吵嘴，就这么办吧！All right？

李　三　就这么办啦？不改我的良，我干不下去啦！

〔后面叫：李三！李三！

王利发　崔先生叫，你快去！咱们的事，有工夫再细研究！

李　三　哼！

王淑芬　我说，昨天就关了城门，今儿个还说不定关不关，三爷，这里的事交给掌柜的，你去买点菜吧！别的不说，咸菜总得买下点呀！

〔后面又叫：李三！李三！

李　三　对，后边叫，前边催，把我劈成两半儿好不好！

（怏怏地往后走）

王利发　栓子的妈，他岁数大了点，你可得……

王淑芬　他抱怨了大半天了！可是抱怨得对！当着他，我不便直说；对你，我可得说实话：咱们得添人！

王利发　添人得给工钱，咱们赚得出来吗？我要是会干别的，可是还开茶馆，我是孙子！

〔远处隐隐有炮声。

王利发　听听，又他妈的开炮了！你闹，闹！明天开得了张才怪！这是怎么说的！

王淑芬　明白人别说糊涂话，开炮是我闹的？

王利发　别再瞎扯，干活儿去！嘿！

王淑芬　早晚不是累死，就得叫炮轰死，我看透了！（慢慢地往后边走）

王利发　（温和了些）栓子的妈，甭害怕，开过多少回炮，一回也没打死咱们，北京城是宝地！

王淑芬　心哪，老跳到嗓子眼里，宝地！我给三爷拿菜钱去。（下）

〔一群男女难民在门外央告。

难　民　掌柜的，行行好，可怜可怜吧！

王利发　走吧，我这儿不打发，还没开张！

难　民　可怜可怜吧！我们都是逃难的！

王利发　别耽误工夫！我自己还顾不了自己呢！

〔巡警上。

巡　警　走！滚！快着！

〔难民散去。

王利发　怎样啊？六爷！又打得紧吗？

巡　警　紧！紧得厉害！仗打得不紧，怎能够有这么多难民呢！上面交派下来，你出八十斤大饼，十二点交齐！城里的兵带着干粮，才能出去打仗啊！

王利发　您圣明，我这儿现在光包后面的伙食，不再卖饭，也还没开张，别说八十斤大饼，一斤也交不出啊！

巡　警　你有你的理由，我有我的命令，你瞧着办吧！（要走）

王利发　您等等！我这儿千真万确还没开张，这您知道！开张以后，还得多麻烦您呢！得啦，您买包茶叶喝吧！（递钞票）您多给美言几句，我感恩不尽！

巡　警　（接票子）我给你说说看，行不行可不保准！

　　　　［三五个大兵，军装破烂，都背着枪，闯进门口。

巡　警　老总们，我这儿正查户口呢，这儿还没开张！

大　兵　屌！

巡　警　王掌柜，孝敬老总们点茶钱，请他们到别处喝去吧！

王利发　老总们，实在对不起，还没开张，要不然，诸位住在这儿，一定欢迎！（递钞票给巡警）

巡　警　（转递给兵们）得啦，老总们多原谅，他实在没法招待诸位！

大　兵　屌！谁要钞票？要现大洋！

王利发　老总们，让我哪儿找现洋去呢？

大　兵　屌！揍他个小舅子！

巡　警　快！再添点！

王利发　（掏）老总们，我要是还有一块，请把房子烧了！（递钞票）

大　兵　屌！（接钱下，顺手拿走两块新桌布）

巡　警　得，我给你挡住了一场大祸！他们不走呀，你就全完，连一个茶碗也剩不下！

王利发　我永远忘不了您这点好处！

巡　警　可是为这点功劳，你不得另有份意思吗？

王利发　对！您圣明，我糊涂！可是，您搜我吧，真一个铜子儿也没有啦！（掀起褂子，让他搜）您搜！您搜！

巡　警　我干不过你！明天见，明天还不定是风是雨呢！（下）

王利发　您慢走！（看巡警走去，跺脚）他妈的！打仗，打仗！今天打，明天打，老打，打他妈的什么呢？

　　　　［唐铁嘴进来，还是那么瘦，那么脏，可是穿着绸子

夹袍。

唐铁嘴　王掌柜！我来给你道喜！

王利发　（还生着气）哟！唐先生？我可不再白送茶喝！（打量，有了笑容）你混得不错呀！穿上绸子啦！

唐铁嘴　比从前好了一点！我感谢这个年月！

王利发　这个年月还值得感谢！听着有点不搭调！

唐铁嘴　年头越乱，我的生意越好！这年月，谁活着谁死都碰运气，怎能不多算算命、相相面呢？你说对不对？

王利发　Yes，也有这么一说！

唐铁嘴　听说后面改了公寓，租给我一间屋子，好不好？

王利发　唐先生，你那点嗜好，在我这儿恐怕……

唐铁嘴　我已经不吃大烟了！

王利发　真的？你可真要发财了！

唐铁嘴　我改抽"白面儿"啦。（指墙上的香烟广告）你看，哈德门烟是又长又松，（掏出烟来表演）一顿就空出一大块，正好放"白面儿"。大英帝国的烟，日本的"白面儿"，两个强国侍候着我一个人，这点福气还小吗？

王利发　福气不小！不小！可是，我这儿已经住满了人，什么时候有了空房，我准给你留着！

唐铁嘴　你呀，看不起我，怕我给不了房租！

王利发　没有的事！都是久在街面上混的人，谁能看不起谁呢？这是知心话吧？

唐铁嘴　你的嘴呀比我的还花哨！

王利发　我可不光耍嘴皮子，我的心放得正！这十多年了，你白喝过我多少碗茶？你自己算算！你现在混得不错，你想着还我茶钱没有？

唐铁嘴　赶明儿我一总还给你，那一总才几个钱呢！（搭讪着往外走）

［街上卖报的喊叫："长辛店大战的新闻，买报瞧，瞧

长辛店大战的新闻!"报童向内探头。

报　　童　掌柜的,长辛店大战的新闻,来一张瞧瞧?

王利发　有不打仗的新闻没有?

报　　童　也许有,您自己找!

王利发　走!不瞧!

报　　童　掌柜的,你不瞧也照样打仗!(对唐铁嘴)先生,您照顾照顾?

唐铁嘴　我不像他,(指王利发)我最关心国事!(拿了一张报,没给钱即走)

〔报童追唐铁嘴下。

王利发　(自言自语)长辛店!长辛店!离这里不远啦!(喊)三爷,三爷!你倒是抓早儿买点菜去呀,待一会儿准关城门,就什么也买不到啦!嘿!(听后面没人应声,含怒往后跑)

〔常四爷提着一串腌萝卜,两只鸡,走进来。

常四爷　王掌柜!

王利发　谁?哟,四爷!您干什么哪?

常四爷　我卖菜呢!自食其力,不含糊!今儿个城外头乱乱哄哄,买不到菜;东抓西抓,抓到这么两只鸡,几斤老腌萝卜。听说你明天开张,也许用得着,特意给你送来了!

王利发　我谢谢您!我这儿正没有辙呢!

常四爷　(四下里看)好啊!好啊!收拾得好啊!大茶馆全关了,就是你有心路,能随机应变地改良!

王利发　别夸奖我啦!我尽力而为,可就怕天下老这么乱七八糟!

常四爷　像我这样的人算是坐不起这样的茶馆喽!

〔松二爷走进来,穿得很寒酸,可是还提着鸟笼。

松二爷　王掌柜!听说明天开张,我来道喜!(看见常四爷)哎哟!四爷,可想死我喽!

常四爷　二哥!你好哇?

王利发　都坐下吧!

松二爷　王掌柜,你好?太太好?少爷好?生意好?

王利发　(一劲儿说)好!托福!(提起鸡与咸菜)四爷,多少钱?

常四爷　瞧着给,该给多少给多少!

王利发　对!我给你们弄壶茶来!(提物到后面去)

松二爷　四爷,你,你怎么样啊?

常四爷　卖青菜哪!铁杆庄稼没有啦,还不卖膀子力气吗?二爷,您怎么样啊?

松二爷　怎么样?我想大哭一场!看见我这身衣裳没有?我还像个人吗?

常四爷　二哥,您能写能算,难道找不到点事儿做?

松二爷　嗻,谁愿意瞪着眼挨饿呢!可是,谁要咱们旗人呢!想起来呀,大清国不一定好啊,可是到了民国,我挨了饿!

王利发　(端着一壶茶回来。给常四爷钱)不知道您花了多少,我就给这点吧!

常四爷　(接钱,没看,揣在怀里)没关系!

王利发　二爷,(指鸟笼)还是黄鸟吧?哨得怎样?

松二爷　嗻,还是黄鸟!我饿着,也不能叫鸟儿饿着!(有了点精神)你看看,看看,(打开罩子)多么体面!一看见它呀,我就舍不得死啦!

王利发　松二爷,不准说死!有那么一天,您还会走一步好运!

常四爷　二哥,走!找个地方喝两盅儿去!一醉解千愁!王掌柜,我可就不让你啦,没有那么多的钱!

王利发　我也分不开身,就不陪了!

〔常四爷、松二爷正往外走,宋恩子和吴祥子进来。他们俩仍穿灰色大衫,但袖口瘦了,而且罩上青布马褂。

松二爷　(看清楚是他们,不由得上前请安)原来是你们二位爷!

〔王利发似乎受了松二爷的感染，也请安，弄得二人愣住了。

宋恩子　这是怎么啦？民国好几年了，怎么还请安？你们不会鞠躬吗？

松二爷　我看见您二位的灰大褂呀，就想起了前清的事儿！不能不请安！

王利发　我也那样！我觉得请安比鞠躬更过瘾！

吴祥子　哈哈哈哈！松二爷，你们的铁杆庄稼不行了，我们的灰色大褂反倒成了铁杆庄稼，哈哈哈！（看见常四爷）这不是常四爷吗？

常四爷　是呀，您的眼力不错！戊戌年我就在这儿说了句"大清国要完"，叫您二位给抓了走，坐了一年多的牢！

宋恩子　您的记性可也不错！混得还好吧？

常四爷　托福！从牢里出来，不久就赶上庚子年；扶清灭洋，我当了义和团，跟洋人打了几仗！闹来闹去，大清国到底是亡了，该亡！我是旗人，可是我得说公道话！现在，每天起五更弄一挑子青菜，绕到十点来钟就卖光。凭力气挣饭吃，我的身上更有劲了！什么时候洋人敢再动兵，我姓常的还准备跟他们打打呢！我是旗人，旗人也是中国人哪！您二位怎么样？

吴祥子　瞎混呗！有皇上的时候，我们给皇上效力，有袁大总统的时候，我们给袁大总统效力；现而今，宋恩子，该怎么说啦？

宋恩子　谁给饭吃，咱们给谁效力！

常四爷　要是洋人给饭吃呢？

松二爷　四爷，咱们走吧！

吴祥子　告诉你，常四爷，要我们效力的都仗着洋人撑腰！没有洋枪洋炮，怎能够打起仗来呢？

松二爷　您说得对！嗻！四爷，走吧！

常四爷 再见吧,二位,盼着你们快快升官发财!(同松二爷下)

宋恩子 这小子!

王利发 (倒茶)常四爷老是那么又倔又硬,别计较他!(让茶)二位喝碗吧,刚沏好的。

宋恩子 后面住着的都是什么人?

王利发 多半是大学生,还有几位熟人。我有登记簿子,随时报告给"巡警阁子"。我拿来,二位看看?

吴祥子 我们不看簿子,看人!

王利发 您甭看,准保都是靠得住的人!

宋恩子 你为什么爱租学生们呢?学生不是什么老实家伙呀!

王利发 这年月,做官的今天上任,明天撤职,做买卖的今天开市,明天关门,都不可靠!只有学生有钱,能够按月交房租,没钱的就上不了大学啊!您看,是这么一笔账不是?

宋恩子 都叫你咂摸透了!你想得对!现在,连我们也欠饷啊!

吴祥子 是呀,所以非天天拿人不可,好得点津贴!

宋恩子 就仗着有错拿,没错放的,拿住人就有津贴!走吧,到后边看看去!

王利发 二位,二位!您放心,准保没错儿!

宋恩子 不看,拿不到人,谁给我们津贴呢?

吴祥子 王掌柜不愿意咱们看,王掌柜必会给咱们想办法!咱们得给王掌柜留个面子!对吧?王掌柜!

王利发 我……

宋恩子 我出个不很高明的主意:干脆来个包月,每月一号,按阳历算,你把那点……

吴祥子 那点意思!

宋恩子 对,那点意思送到,你省事,我们也省事!

王利发 那点意思得多少呢?

吴祥子　多年的交情,你看着办!你聪明,还能把那点意思闹成不好意思吗?

李　三　(提着菜筐由后面出来)喝,二位爷!(请安)今儿个又得关城门吧!(没等回答,往外走)

　　〔二三学生匆匆地回来。

学　生　三爷,先别出去,街上抓伕呢!(往后面走去)

李　三　(还往外走)抓去也好,在哪儿也是当苦力!

　　〔刘麻子丢了魂似的跑来,和李三碰了个满怀。

李　三　怎么回事呀?吓掉了魂儿啦!

刘麻子　(喘着)别,别,别出去!我差点叫他们抓了去!

王利发　三爷,等一等吧!

李　三　午饭怎么开呢?

王利发　跟大家说一声,中午咸菜饭,没别的办法!晚上吃那两只鸡!

李　三　好吧!(往回走)

刘麻子　我的妈呀,吓死我啦!

宋恩子　你活着,也不过多买卖几个大姑娘!

刘麻子　有人卖,有人买,我不过在中间帮帮忙,能怪我吗?(把桌上的三个茶杯的茶先后喝净)

吴祥子　我可是告诉你,我们哥儿们从前清起就专办革命党,不大爱管贩卖人口、拐带妇女什么的臭事。可是你要叫我们碰见,我们也不再睁一眼闭一眼!还有,像你这样的人,弄进去,准锁在尿桶上!

刘麻子　二位爷,别那么说呀!我不是也快挨饿了吗?您看,以前,我走八旗老爷们、宫里太监们的门子。这么一革命啊,可苦了我啦!现在,人家总长次长,团长师长,要娶姨太太讲究要唱落子的坤角,戏班里的女名角,一花就三千五千现大洋!我干瞧着,摸不着门!我那点芝麻粒大的生意算得了什么呢?

宋恩子　你呀，非锁在尿桶上，不会说好的！

刘麻子　得啦，今天我孝敬不了二位，改天我必有一份儿人心！

吴祥子　你今天就有买卖，要不然，兵荒马乱的，你不会出来！

刘麻子　没有！没有！

宋恩子　你嘴里半句实话也没有！不对我们说真话，没有你的好处！王掌柜，我们出去绕绕；下月一号，按阳历算，别忘了！

王利发　我忘了姓什么，也忘不了您二位这回事！

吴祥子　一言为定啦！（同宋恩子下）

王利发　刘爷，茶喝够了吧？该出去活动活动！

刘麻子　你忙你的，我在这儿等两个朋友。

王利发　咱们可把话说开了，从今以后，你不能再在这儿做你的生意，这儿现在改了良，文明啦！

［康顺子提着个小包，带着康大力，往里边探头。

康大力　是这里吗？

康顺子　地方对呀，怎么改了样儿？（进来，细看，看见了刘麻子）大力，进来，是这儿！

康大力　找对啦？妈！

康顺子　没错儿！有他在这儿，不会错！

王利发　您找谁？

康顺子　（不语，直奔刘麻子去）刘麻子，你还认识我吗？（要打，但是伸不出手去，一劲地颤抖）你，你，你个……（要骂，也感到困难）

刘麻子　你这个娘儿们，无缘无故地跟我捣什么乱呢！

康顺子　（挣扎）无缘无故？你，你看看我是谁！一个男子汉，干什么吃不了饭，偏干伤天害理的事！呸！呸！

王利发　这位大嫂，有话好好说！

康顺子　你是掌柜的？你忘了吗？十几年前，有个媳

　　　　妇的太监……

王利发　您，您就是庞太监的那个……

康顺子　都是他（指刘麻子）做的好事，我今天跟他算算账！（又要打，仍未成功）

刘麻子　（躲）你敢，你敢！我好男不跟女斗！（随说随往后退）我，我找人来帮我说说理！（撒腿往后面跑）

王利发　（对康顺子）大嫂，你坐下，有话慢慢说！庞太监呢？

康顺子　（坐下喘气）死啦。叫他的侄子们给饿死的。一改民国呀，他还有钱，可没了势力，所以侄子们敢欺负他。他一死，他的侄子们把我们轰出来了，连一床被子都没给我们！

王利发　这，这是……？

康顺子　我的儿子！

王利发　您的……？

康顺子　也是买来的，给太监当儿子。

康大力　妈！你爸爸当初就在这儿卖了你的？

康顺子　对了，乖！就是这儿，一进这儿的门，我就晕过去了，我永远忘不了这个地方！

康大力　我可不记得我爸爸在哪里卖了我的！

康顺子　那时候，你不是才一岁吗？妈妈把你养大了的，你跟妈妈一条心，对不对？乖！

康大力　那个老东西，掐你，拧你，咬你，还用烟签子扎我！他们人多，咱们打不过他们！要不是你，妈，我准叫他们给打死了！

康顺子　对！他们人多，咱们又太老实！你看，看见刘麻子，我想咬他几口，可是，可是，连一个嘴巴也没打上，我伸不出手去！

康大力　妈，等我长大了，我帮助你打！我不知道亲妈妈是谁，你就是我的亲妈妈！

康顺子　好！好！咱们永远在一块儿，我去挣钱，你去念书！（稍愣了一会儿）掌柜的，当初我在这儿叫人买了去，咱们总算有缘，你能不能帮帮忙，给我找点事做？我饿死不要紧，可不能饿死这个无依无靠的好孩子！

　　〔王淑芬出来，立在后边听着。

王利发　你会干什么呢？

康顺子　洗洗涮涮、缝缝补补、做家常饭，都会！我是乡下人，我能吃苦，只要不再做太监的老婆，什么苦处都是甜的！

王利发　要多少钱呢？

康顺子　有三顿饭吃，有个地方睡觉，够大力上学的，就行！

王利发　好吧，我慢慢给你打听着！你看，十多年前那回事，我到今天还没忘，想起来心里就不痛快！

康顺子　可是，现在我们母子上哪儿去呢？

王利发　回乡下找你的老父亲去！

康顺子　他？是死是活，我不知道。就是活着，我也不能去找他！他对不起女儿，女儿也不必叫他爸爸！

王利发　马上就找事，可不大容易！

王淑芬　（过来）她能洗能作，又不多要钱，我留下她了！

王利发　你？

王淑芬　难道我不是内掌柜的？难道我跟李三爷就该累死？

康顺子　掌柜的，试试我！看我不行，您说话，我走！

王淑芬　大嫂，跟我来！

康顺子　当初我是在这儿卖出去的，现在就拿这儿当作娘家吧！大力，来吧！

康大力　掌柜的，你要不打我呀，我会帮助妈妈干活儿！

　　（同王淑芬、康顺子下）

王利发　好家伙，一添就是两张嘴！太监取消了，可把太监的家眷交到这里来了！

李　三　（掩护着刘麻子出来）快走吧！（回去）

王利发　就走吧，还等着真挨两个脆的吗？

刘麻子　我不是说过了吗，等两个朋友。

王利发　你呀，叫我说什么才好呢！

刘麻子　有什么法子呢！隔行如隔山，你老得开茶馆，我老得干我这一行！到什么时候，我也得干我这一行！

　　［老林和老陈满面笑容地走进来。

刘麻子　（二人都比他年轻，他却称呼他们哥哥）林大哥，陈二哥！（看王利发不满意，赶紧说）王掌柜，这儿现在没有人，我借个光，下不为例！

王利发　她（指后边）可是还在这儿呢！

刘麻子　不要紧了，她不会打人！就是真打，他们二位也会帮助我！

王利发　你呀！哼！（到后边去）

刘麻子　坐下吧，谈谈！

老　林　你说吧！老二！

老　陈　你说吧！哥！

刘麻子　谁说不一样啊！

老　陈　你说吧，你是大哥！

老　林　那个，你看，我们俩是把兄弟！

老　陈　对！把兄弟，两个人穿一条裤子的交情！

老　林　他有几块现大洋！

刘麻子　现大洋？

老　陈　林大哥也有几块现大洋！

刘麻子　一共多少块呢？说个数目！

老　林　那，还不能告诉你咧！

老　陈　事儿能办才说咧！

刘麻子　有现大洋，没有办不了的事！

老　林
老　陈　真的？

刘麻子　说假话是孙子！

老　林　那么，你说吧，老二！

老　陈　还是你说，哥！

老　林　你看，我们是两个人吧？

刘麻子　嗯！

老　陈　两个人穿一条裤子的交情吧？

刘麻子　嗯！

老　林　没人耻笑我们的交情吧？

刘麻子　交情嘛，没人耻笑！

老　陈　也没人耻笑三个人的交情吧？

刘麻子　三个人？都是谁？

老　林　还有个娘儿们！

刘麻子　嗯！嗯！嗯！我明白了！可是不好办，我没办过！你看，平常都说小两口儿，哪有小三口儿的呢！

老　林　不好办？

刘麻子　太不好办啦！

老　林　（问老陈）你看呢？

老　陈　还能白拉倒吗？

老　林　不能拉倒！当了十几年兵，连半个媳妇都娶不上！他妈的！

刘麻子　不能拉倒，咱们再想想！你们到底一共有多少块现大洋？

　　〔王利发和崔久峰由后面慢慢走来。刘麻子等停止谈话。

王利发　崔先生，昨天秦二爷派人来请您，您怎么不去呢？您这么有学问，上知天文，下知地理，又做过国会议员，可是住在我这里，天天念经；干吗不出去做点事呢？您这样的好人，应当出去做官！有您这样的清官，我们小民才能过太平日子！

崔久峰　惭愧！惭愧！做过国会议员，那真是造孽呀！

革命有什么用呢，不过自误误人而已！唉！现在我只能修持，忏悔！

王利发　您看秦二爷，他又办工厂，又忙着开银号！

崔久峰　办了工厂、银号又怎么样呢？他说实业救国，他救了谁？救了他自己，他越来越有钱了！可是他那点事业，哼，外国人伸出一个小指头，就把他推倒在地，再也起不来！

王利发　您别这么说呀！难道咱们就一点盼望也没有了吗？

崔久峰　难说！很难说！你看，今天王大帅打李大帅，明天赵大帅又打王大帅。是谁叫他们打的？

王利发　谁？哪个混蛋？

崔久峰　洋人！

王利发　洋人？我不能明白！

崔久峰　慢慢地你就明白了。有那么一天，你我都得做亡国奴！我干过革命，我的话不是随便说的！

王利发　那么，您就不想想主意，卖卖力气，别叫大家做亡国奴？

崔久峰　我年轻的时候，以天下为己任，的确那么想过！现在，我可看透了，中国非亡不可！

王利发　那也得死马当活马治呀！

崔久峰　死马当活马治？那是妄想！死马不能再活，活马可早晚得死！好啦，我到弘济寺去，秦二爷再派人来找我，你就说，我只会念经，不会干别的！（下）

〔宋恩子、吴祥子又回来了。

王利发　二位！有什么消息没有？

〔宋恩子、吴祥子不语，坐在靠近门口的地方，看着刘麻子等。

〔刘麻子不知如何是好，低下头去。

〔老陈、老林也不知如何是好，相视无言。

〔静默了有一分钟。

老　陈　哥，走吧？

老　林　走！

宋恩子　等等！（立起来，挡住路）

老　陈　怎么啦？

吴祥子　（也立起）你说怎么啦？

　　［四人呆呆相视一会儿。

宋恩子　乖乖地跟我们走！

老　林　上哪儿？

吴祥子　逃兵，是吧？有些块现大洋，想在北京藏起来，是吧？有钱就藏起来，没钱就当土匪，是吧？

老　陈　你管得着吗？我一个人揍你这样的八个。（要打）

宋恩子　你？可惜你把枪卖了，是吧？没有枪的干不过有枪的，是吧？（拍了拍身上的枪）我一个人揍你这样的八个！

老　林　都是弟兄，何必呢？都是弟兄！

吴祥子　对啦！坐下谈谈吧！你们是要命呢？还是要现大洋？

老　陈　我们那点钱来得不容易！谁发饷，我们给谁打仗，我们打过多少次仗啊！

宋恩子　逃兵的罪过，你们可也不是不知道！

老　林　咱们讲讲吧，谁叫咱们是弟兄呢！

吴祥子　这像句自己人的话！谈谈吧！

王利发　（在门口）诸位，大令过来了！

老　陈
老　林　啊！（惊慌失措，要往里边跑）

宋恩子　别动！君子一言，把现大洋分给我们一半，保你们俩没事！咱们是自己人！

老　陈
老　林　就那么办！自己人！

　　［“大令”进来：二捧刀——刀缠红布——背枪者前导，

手捧令箭的在中,四持黑红棍者在后。军官在最后押队。

吴祥子　(和宋恩子、老林、老陈一齐立正,从帽中取出证章,叫军官看)报告官长,我们正在这儿盘查一个逃兵。

军　官　就是他吗?(指刘麻子)

吴祥子　(指刘麻子)就是他!

军　官　绑!

刘麻子　(喊)老爷!我不是!不是!

军　官　绑!(同下)

吴祥子　(对宋恩子)到后面抓两个学生!

宋恩子　走!(同往后疾走)

[幕落]

### 阅读导引

　　本文节选的是老舍《茶馆》的第二幕。《茶馆》发表于1957年,是老舍话剧创作的高峰。曹禺称它为"中国话剧史中的经典"。本幕的背景是民国初年军阀混战时期。裕泰茶馆渐趋衰落,茶馆主人王利发积极迎合潮流实行改良,却仍然难以维持下去。《茶馆》的谋篇布局独具匠心。全剧没有贯穿到底的矛盾斗争,由几乎没有联系的几个小故事组成,是一出以人物带故事的话剧。茶馆是三教九流会面之处,可以容纳各色人物,一个大茶馆就是一个小社会,茶客生活上的变迁可以反映社会的变迁。老舍以茶馆为载体,以小见大,反映社会的变化和形形色色的人物。

　　从第二幕开头的舞台说明来看,你觉得反映了当时的什么特征?仔细推敲剧本,想一想王利发对不同的人采用不同的态度,原因是什么?常四爷是旗人,却也反对大清帝国,这说明了什么?

# 北 京 人(节选)

  居住在北平深宅大院的曾皓家，原本是个世家，可现在内里空虚，危机四伏。
  曾皓希望儿子曾文清出门做事，但文清生性疏懒，又暗恋着表妹愫方，没有勇气也没有能力挑起家庭的重担。其妻曾思懿又气又恨。曾皓的女婿江泰喜好吹牛，想办厂挣钱，却一事无成，满腹牢骚。文清答应出门，却迟迟不动身，仍与愫方作画写诗。
  思懿加紧对愫方的排挤。一方面把她介绍给房客袁博士，一方面又处处指桑骂槐，借机挖苦她。这使得文清、愫方二人更加痛苦。
  曾家小花厅里，中秋节这天中午，一家人聚在一起……

【人物】

  曾　皓——在北平落户的旧世家的老太爷，年六十三。
  曾文清——他的长子，三十六。
  曾思懿——他的长媳，三十八九。
  曾文彩——他的女儿，三十三岁。
  江　泰——他的女婿，文彩的丈夫，一个老留学生，三十七八。
  曾　霆——他的孙子，文清与思懿的儿子，十七岁。
  曾瑞贞——他的孙媳，霆儿的媳妇，十八岁。
  愫　方——他的姨侄女，三十上下。
  陈奶妈——哺养过曾文清的老奶妈，年六十上下。
  小柱儿——陈奶妈的孙儿，年十五。

---

本文作者曹禺。

张　　顺——曾家的仆人。

袁任敢——研究"人类学"的学者,年三十八。

袁　　圆——袁任敢的独女,十六整。

"北京人"——在袁任敢学术察勘队里一个修理卡车的巨人。

寿木商人　甲、乙、丙、丁。

警　　察

【地点】

第一幕——中秋节。在北平曾家小花厅里。

第二幕——当夜十一点钟的光景,曾宅小花厅里。

第三幕——离第一幕约有一月,某一天,深夜三点钟,曾宅小花厅里。

### 第一幕

……

曾　　皓　（闭着眼睛听什么,连连点着头）嗯,嗯。

曾文清　（不安地）爹。

曾　　皓　（陷在沉思里,似乎没有听见）

陈奶妈　（边说边笑,大家暂停住步子,听她的话,她很兴奋地对愫）我一算可不是有十五年了？（对皓）这副棺材漆了十五年！（惊羡地）哎,这可漆了有多少道漆呀？

曾　　皓　（快慰）已经一百多道了。（被他们扶掖向长几那边走）

陈奶妈　（赞叹）怪不得那漆看着有（手一比）两三寸厚呢！（放下盖碗）

[思由卧室走出,满面和顺的笑容,仿佛忘记刚才那一件事。

曾思懿　爹来了。（赶上扶着皓）这边坐吧,爹,舒服点！（把皓又扶到沙发那边,忙对瑞贞）少奶奶,把躺椅搬正！（扶皓坐下,思对文）你还不把靠垫拿过来。

曾文清　哦！（到书斋内取靠垫，瑞也跟着拿）

曾　皓　（闭目，摸弄着佛珠）慢慢漆吧！再漆上四五年也就勉强可以睡了。

［瑞贞由书斋内拿来椅垫。

曾思懿　（指着，和蔼地）掖在背后，少奶奶。（仿佛看瑞贞掖得不好，弯下腰）嗐，我来吧。（对瑞）你去拿床毛毯，给爹盖上。

曾　皓　（睁眼）不用了。（又闭目养神）

曾思懿　（更谦顺）您现在觉得好一点了吧。

曾　皓　还好。

曾文清　（走上前）爹。

曾　皓　（微颔首）嗯，（几乎是故意惊讶地）哦，你还没有走？

曾思懿　（望文一眼，对皓）文清一会儿就要上车了。

曾　皓　（对文）你给祖先磕了头没有？

曾文清　没有。

曾　皓　（不高兴）去，去，快去，拜完祖先再说。（咳嗽）

曾文清　是，爹。（向书斋小门走）

陈奶妈　（又得着一个机会和文清谈话）嗐，清少爷，我再陪陪你。

［文与陈同由书斋小门下。

曾　皓　愫方，你出去把我的痰罐拿过来。

［愫刚转身举步向书斋走——

曾思懿　（立刻笑着说）别再劳累愫妹妹啦！我屋里有，瑞贞，你给爷拿去。（把盖碗茶捧给皓）爹，您喝茶吧！

［瑞贞进思懿的卧室。

曾　皓　（用茶漱口，愫拿过一个痰桶，皓吐入）口苦得很！（又合眼）

愫　方　您还晕么？

曾　皓　（望望她，又闭上眼，一半自语地）头昏口苦，这

是肝阴不足啊！所以痰多气闷！（枯手慢推摩自己的胸口）

曾思懿 （殷勤）我看给爹请个西医看看吧。

曾　皓 （睁开眼，烦恶）哪个说的？

曾思懿 要不叫张顺请罗太医来！

曾　皓 （启目，摇头）不，罗太医好用唐朝的古方，那种金石虎狼之药，我的年纪，体质——（不愿说下去，叹口气，闭眼轻咳）

〔瑞由思懿的卧室上，把小痰罐递与皓，皓又一口黏痰吐进去，把痰罐拿在手中。

曾思懿 偏壁杜家又派二个账房来要那五万块钱啦。

曾　皓 哦！

曾思懿 还有今年这一年漆寿木的钱——

曾　皓 （烦躁）钱，钱！牛马，牛马，做一辈子的牛马，连病中还要操心，当牛马。

〔思也沉下脸，半晌。

愫　方 （安慰地）今年那寿木倒是漆得挺好的。

曾　皓 （不肯使大奶奶太难看，点头，微露喜色）嗯，嗯，等吧，等到明年春天再漆上两道川漆，再设法把杜家这笔账还清楚，我这孽就算做完了。（不觉叹一口气，望着瑞贞）那么运气好，明年里头我再能看见重孙——

曾思懿 （打起欢喜的笑容）是啊，刚才给祖先磕头，我还叫瑞贞心里念叨着，求祖宗保佑她早点有喜，好给爷爷抱重孙呢。

曾　皓 （浮肿的面孔泛着欢喜的皱纹）瑞贞，你心里说了没有？

曾瑞贞 （低头）

曾思懿 （推她，尖声）爷爷问你心里说了没有？

曾瑞贞 （背转）

愫　方 （劝慰）瑞贞！

曾瑞贞　（回头）说了,爷爷。

曾　皓　（满意地笑）说了就好。

外面曾文彩声　江泰,江泰!

曾思懿　（咕噜着）你瞧这孩子,你哭什么!

〔由大客厅通前院的门拉拉扯扯地走进来文彩和江泰。

曾文彩　（央求）江泰!江泰!（拉他走进）

江　泰　（说着走着,气愤愤地）好,我来,我来!你别拉着我!

〔大家都回头望他们,他们走到近前。

曾　皓　怎么啦?

曾文彩　爹!（回头低声对江）就这样跪着磕吧,别换衣服啦。

曾思懿　（故意笑着说出来）姑老爷给爹拜节呢。

曾　皓　（探身,手势要人扶起,以为他要磕头）哎,不用了,不用了,拜什么节哟!

〔江泰狠狠盯了思懿一眼,在皓已经欠起半身的时候,爱拜不拜地懒懒鞠了个半躬,自己就先坐下。

江　泰　（候皓坐定,四面望望,立刻）好,我有一句话,（指着）我屋旁边那土墙要塌了,你们想收拾不收拾?——

曾文彩　（低声,急促地）你又怎么了?

江　泰　（对彩）你别管!（转对思和皓）你们收拾不收拾?不收拾我就卷铺盖滚蛋。

曾　皓　（莫名其妙）怎么?

曾思懿　（软里透硬）不是这么说,姑老爷,我没有敢说不收拾,不过我听说爹要卖房子,做买卖,所以——

曾　皓　（挺身不悦）卖房子?

曾思懿　卖给隔壁杜家。

曾　皓　（微怒）哪个说的?这是哪个人说的?

曾思懿　（眼向江泰一瞟,冷笑）谁知道谁说的?

江　泰　（贸然）我说的!（望着皓,轻蔑的神色）我也不知道哪个说话不算话的人对我说的。

曾　　皓　（在自己家里，当着自己的儿妇受这样抢白，实在有些忍不住）江泰，你这不是对长辈说话的样子。

江　　泰　好，那么我走。（拔脚就走）

曾文彩　（低声，几乎要哭出来）江泰，你还不坐下。

愫　　方　（央求地）表姐夫！

　　［江被他们暗暗拉着，不甘愿地又坐下。

　　［半晌。沉静中文清由书斋小门悄悄走进来站在一旁。

曾　　皓　（望了文一眼，颤抖）我说过，我说过，我是为我这些不肖的子孙才说的。现在家里景况不好，没有一个人能赚钱，（望文愤愤地）大儿子第一个就不中用！隔壁那个暴发户杜家天天逼我们的债，他们硬要买我们的房子，难道我们就听他们再给一两万块钱，乖乖把房子送给他们么？（越说越气）这种开纱厂的暴发户，仗势欺人，什么东西都以为可以拿钱买，他连我这漆了十五年的寿木都托人要拿钱来买，（气得发抖）这种人真是一点书都没有读过。难道我自己要睡的棺材都要卖给他？（望彩）文彩，你说？（对文清）文清，你这个做长子的人也讲讲？（文低头）你们这做儿子的——

　　［由书斋小门走进来陈奶妈。

陈奶妈　（高兴地）清少爷！——（看见大奶奶对她指着皓摆手，吓得没有说出来，就偷偷从通大客厅的门走出去）

曾　　皓　这房子是先人的产业，一草一木都是祖上敬德公惨淡经营留下的心血，我们食于斯，居于斯，自小到大都是倚赖祖宗留下来这点福气，吃住不生问题。（拍着那沙发的扶手）你们纵然不知道爱惜，难道我忍心肯把房子卖给这种暴发户，卖给这种——

江　泰　（把手一举）我声明，不要把我算在里面，你们房子卖不卖，我从来没有想过。

曾　皓　（愣一愣继续愤慨地）这种开纱厂的暴发户！这种连人家棺木都想买的东西，这种——

　　〔突然从隔壁邻院袭来震耳的鞭炮声。

曾　皓　（惊吓）这是什么？（几乎要起来，仿佛神经受不住这刺激）这是什么？什么？什么？

愫　方　（在鞭炮响声里，用力喊出）不要紧，这是放鞭！

曾　皓　（掩盖自己的耳朵，紧张地）关上门，关上门！

　　〔文与瑞赶紧跑去关上通大客厅的门扇，鞭炮声略远，但仍不断爆响，半天才歇。

曾文彩　（爆竹声中倒吸一口长气）谁家放这么长的爆竹？

江　泰　（冷笑）哼！就是那暴发户的杜家放的。

曾　皓　（摇头）看着这暴发户！过一回八月节都要闹得像嫁女儿——

　　〔陈奶妈由通大客厅的门上。

陈奶妈　（拍手笑）愫小姐，这一家子可有趣！女儿管爹叫"老猴"，爹管女儿叫"小猴"，屋里还坐着一个像猩猩似的野东西，老猴画画，小猴直要爬到老猴头上翻筋斗。（笑着前翻后仰）屋里闹得要翻了天——

曾　皓　（莫名其妙）谁？

陈奶妈　还不是袁先生跟那位袁小姐，我看袁先生人脾气怪好的，直傻呵呵地笑——

曾思懿　陈奶妈，你到厨房看看去，赶快摆桌子开饭，今天老太爷正为着愫小姐请袁先生呢。

陈奶妈　哦，哦，好，好！

　　〔陈奶妈十分欢喜地由通大客厅走下。

曾思懿　（提出正事）媳妇听说袁先生不几天就要走了，不知道愫妹妹的婚事爹觉得——

曾　皓　（摇头，轻蔑地）这个人，我看——（江泰早猜中他的心思，异常不满地由鼻孔"哼"了一声，皓回头望他一眼，气愤地立刻对那正要走开的愫方）好，愫方，你先别走。趁你在这儿，我们大家谈谈。

愫　方　我要给姨父煎药去。

江　泰　（善意地嘲讽）咳，我的愫小姐，这药您还没有煎够？（迭连快说）坐下，坐下，坐下，坐下。

　　　　〔愫又勉强坐下。

曾　皓　愫方，你觉得怎么样？

愫　方　（低头不语）

曾　皓　愫，你自己觉得怎么样？不要想到我，你应该替你自己想，我这个当姨父的，恐怕也照拂不了你几天了，不过照我看，袁先生这个人哪——

曾思懿　（连忙）是呀，愫妹妹，你要多想想，不要屡次辜负姨父的好意，以后真是耽误了自己——

曾　皓　（也抢着说）思懿，你让她自己想想。这是她一辈子的事情，答应不答应都在她自己，（假笑）我们最好只做个参谋。愫方，你自己说，你以为如何？

江　泰　（忍不住）这有什么问题？袁先生并不是个可怕的怪物！他是研究人类学的学者，第一人好，第二有学问，第三有进款，这，这自然是——

曾　皓　（带着那种"少安毋躁"的神色）不，不，你让她自己考虑。（转对愫，焦急地）愫方，你要知道，我就有你这么一个姨侄女，我一直把你当我的亲女儿一样看，不肯嫁的女儿，我不是也一样养么？——

曾思懿　（抢说）就是啊！我的愫妹妹，嫁不了的女儿也不是——

曾文清　（再也忍不下去，只好拔起脚就向书斋走——）

曾思懿　（斜睨着文）咦，走什么，走什么？

　　　　〔文不顾，由书斋小门下。

曾　　皓　　文清，怎么？

曾思懿　　（冷笑）大概他也是想给爹煎药呢！（回头对愫又万分亲热地）愫妹妹，你放心，大家提这件事也是为着你想。你就在曾家住一辈子，谁也不能说半句闲话。（阴毒地）嫁不出去的女儿不也是一样得养么？何况愫妹妹你父母不在，家里原底就没有一个亲人——

曾　　皓　　（当然听出她话里的根苗，不等她说完——）好了，好了，大奶奶请你不要说这么一大堆好心话吧。（思的脸突然罩上一层霜，皓转对愫）那么愫方，你自己有个决定不？

曾思懿　　（着急对愫）你说呀！

曾文彩　　（听了半天，一直都在点头，突然也和蔼地）说吧，愫妹妹，我看——

江　　泰　　（猝然，对自己的妻）你少说话！

　　〔彩默然，愫默默立起，低头向通大客厅的门走。

曾　　皓　　愫方，你说话呀，小姐。你也说说你的意思呀。

愫　　方　　（摇头）我，我没有意思。

　　〔愫由通大客厅的门下。

曾　　皓　　哼，这种事怎么能没有意见呢？

江　　泰　　（耐不下）你们要我说话不？

曾　　皓　　怎么？

江　　泰　　要我说，我就说。不要我说，我就走。

曾　　皓　　好，你说呀，你当然说说你的意见。

江　　泰　　（痛痛快快）那我就请你们不要再跟愫方为难，愫方心里怎么回事，难道你们看不出来？为什么要你一句我一句欺负一个孤苦伶仃的老小姐，为什么——

曾思懿　　欺负？

曾文彩　　江泰。

江　　泰　　（盛怒）我就是说你们欺负她，她这些年侍候你们老的,少的,活的,死的,老太爷,老太太,少奶奶,小少爷,一直都是她一个人管。她现在已经过了三十,为什么还拉着她,不放她,这是干什么?

曾　皓　你——

曾文彩　江泰!

江　泰　难道还要她陪着一同进棺材,把她烧成灰供祖宗?拿出点良心来!我说一个人要有点良心!我走了,这儿有封信,(把信硬塞在皓的膝上)你们拿去看吧!

曾文彩　江泰!

〔江气呼呼地由通大客厅的门下。

曾　皓　(满腹不快)这,这说的是什么?我,我从来没听过这种野话!(同时颤抖地撕开信,露出来钞票和简短的信纸)

〔皓看信时,张顺拿着碗筷悄悄走进来。瑞贞也走来帮他把方桌静静抬出,默默摆碗筷和凳子。

曾　皓　(匆促地读完那短信,气得脸发了青)这是什么意思?(举着那钞票)他要拿这几个房租钱给我!(对思)思懿,这是怎么回事?

曾思懿　(冷笑)我不知道他老人家又犯了些什么神经病?

曾文彩　(早已立起,看着那信,惶惑不安,哀诉着)爹,您千万别介他的意,他心里不快活,他这几年——

曾　皓　(愤然)江泰,我不说他,就说女婿是半子吧,他也是外姓人。(对彩)你是我的女儿,你当然知道我们曾家人的脾气都是读书第一,从来没有谈过钱的话。好,你们愿意住在此地就住下去,不愿意住也随意,也无须乎拿什么房钱、饭钱,给父亲看——

曾文彩　(抽咽)爹,您就当错生了我这女儿,您就当——

曾　皓　(气得颤巍巍)呃,呃,在我们曾家甩这种阔女

　　　　　婿架子！

曾文彩　（早忍不下，哇地哭起来）哦，妈，你为什么丢下
　　　　　我死了，我的妈呀！

曾思懿　姑奶奶！

　　　［文彩哭着跑进自己的卧室。

曾　皓　（长叹一声）一群冤孽！说都说不得的。开饭，
　　　　　张顺，请袁先生来。

　　　［张顺由通大客厅门下。

### 阅读导引

　　曹禺的作品中，上演最多，也最为人知的剧作是《雷雨》。但是，曹禺认为自己最满意的一部作品却是《北京人》。在戏剧评论界，曾有一种相当流行的看法，以为《北京人》是一出"凭吊往昔"的悲剧。曹禺却用明确的语言说明他写的是一出礼赞青春的喜剧。要理解《北京人》的喜剧性，主要并不是着眼于剧中的像江泰这样的曾有喜剧性性格特征的人物，而是应该着眼于全剧的"一种生气勃勃的青春气息"的精神升华。在《北京人》的第一幕中，曾家为愫方的婚事向愫方"征询意见"这一片段，给人留下深刻印象。它虽不是全剧的高潮，却有较强的言语冲突。曾皓等人对愫方的出嫁各怀鬼胎，"征询"愫方的话语各有不同意图，表现出强烈的矛盾冲突。

　　对文中舞台提示中音响效果、场景道具做一番梳理，探究一下它们隐藏的含义，它们烘托了什么样的生活气氛？象征着什么？还可以结合原文，进行拓展阅读，谈一谈如何理解作者塑造的"北京人"？其具有怎样的文化内涵？

# 第四单元
# 芳华如歌

　　本单元选取了大量的现代诗。现代诗歌又称新诗，是"五四"前后出现的。新诗的"新"，是相对古典诗歌而言，"新"在用白话写诗，摆脱古典诗词严整格律的束缚，比较适合表达现代人的思想感情。我们还能读到一些散文诗，散文诗的内核是诗性的，而其外壳是灵活的散文书写形式。

　　读诗可以陶冶性情，学习本单元，可以学习诗歌是如何用精练的语言和新颖的意象来表达情意。可以在反复朗读的基础上，着重分析意象，同时品味语言，发挥想象，感受充溢于作品里的真情。

# 我召唤青青的小树林

我召唤青青的小树林
同我一起回到原野上飞奔

摇一簇早春的新叶
那是绿色的旗帜
拽一片细碎的繁花
桃色的、白色的云

送一枝新条作教鞭
给年轻的女教师
送一枝新条当马骑
给没有上学的孩子

跟我一起越过山脊
化为奔马脖颈上的马鬃
跟我一起踱到河边
一串串身影落入春水中

春风轻浅掠过林梢
我们一路吹着柳哨
春风猛扬起我们的头发
我们狂喜地向前快跑

---

本文作者邵燕祥。

跑累了，就搀扶着站定
在月光下悄悄闭上眼睛
如果地面被春雨打湿
那是我们的热汗淋淋
来吧，青青的小树林
同我一起到原野上飞奔

### 阅读导引

　　这首诗中，诗人仿佛是一个激情满怀、意气风发的少年，了无羁绊，轻松快乐，召唤着青青的小树林，一同回到原野上飞奔，尽情挥洒炽热的青春。本首诗首尾两节的呼应与反复，突出了"青青的小树林"这一核心意象。"我"召唤"青青的小树林"，看起来似乎是不合常理的，但是通读全诗会发现，"青青的小树林"代表着青春活力、生活热情，意味着茁壮成长、充满希望，它是全诗的核心意象。"召唤青青的小树林同我一起回到原野上飞奔"都是这一意象的形象表达，可以理解为对美好未来的渴望与追求。生活是如此可爱！青春是如此美丽！生命是如此神圣！读着这首诗，不由得产生一种冲动，连树木都能跟着诗人飞奔，何况满腔热情的我们？这首讴歌青春之作，以奔放、激越的情感，展现了诗人对生活的热爱，对青春的赞美，对读者产生强烈的感召力。

　　这样一幅天人合一的画面，是由哪些意象构成的？其中蕴含了作者怎样的意愿和情感？尝试用描写性的语言对其中所写的画面进行描述。

# 我为少男少女们歌唱

我为少男少女们歌唱。
我歌唱早晨，

---
本文作者何其芳。

我歌唱希望，
我歌唱那些属于未来的事物，
我歌唱那些正在生长的力量。

我的歌呵，
你飞吧，
飞到那些年轻人的心中
去找你停留的地方。

所有使我像草一样颤抖过的
快乐或者好的思想，
都变成声音飞到四方八面去吧，
不管它像一阵微风
或者一片阳光。

轻轻地从我琴弦上
失掉了成年的忧伤，
我重新变得年轻了，
我的血流得很快，
对于生活我又充满了梦想，充满了渴望。

◀◀ 阅读导引 ▶▶

《我为少男少女们歌唱》既是诗人对新的生活和新的人们的热情歌唱，也是他感情变化的真实记录。这首诗在语言风格上改变了诗人早先的现代诗风，直抒胸臆，明朗质朴，抒情性强，成功地运用了排比、比拟等修辞方法，形象生动、音韵和谐、富有感染力。诗看似是写给少男少女的，但真正的主体是"我"。作者通过自我抒情，反映了解放区是中国的希望。阅读时，我们可以用心感受作者炽热的情感。这首诗写于1941年，那正是旧中国艰难的年代，但在延安，诗人生活在另一个新天地之中，他情不自禁地要歌唱，要为少男少女们祝福,了解这首诗的背景,有利于我们理解诗人和他的这一首诗。

　　作者说他的歌声是由什么变成的,然后又把歌声比喻成什么?请结合这首诗的写作背景,说一说这种歌声的内容和来源是什么。诗中写自己受到新事物新快乐新思想的感染、熏陶,发生一些大的变化,它在诗中起什么作用?

# 写　给　云

你想变小你就变小,
你想变大你就变大,
变小,小得像块手帕,
像朵洁白的小花;
变大,大得无边无际,
能盖住整个天下。
没有人在蓝天上,
为你把框框画。

你想变成什么就变什么,
小鹿、大象、小鸟、青蛙……
即使变成猪八戒,
也没有人笑话。
没有人要你老老实实,
变成"聪明"的傻瓜。

---

本文作者白冰。

你愿意做什么就做什么，
你想成为雨就成为雨，
去亲吻小草小花；
你想成为雪就成为雪，
像只只白蝴蝶飞进万户千家。
没有人用什么"安排""计划"，
把你变成机器娃娃……

啊，让我也变成一朵云，
一朵自由幸福的云！

**◀◀ 阅读导引 ▶▶**

　　《写给云》是一首语言朴素亲切的儿童诗。作者在作品中对青少年的生命形态进行了深入思考，这首诗歌的题目是"写给云"，实际上是内心感情的独白。可透过充满想象力的诗句，感受作者对于自由个性的赞美。

　　诗中的"云"和自然界的"云"有哪些相似之处？又有哪些不同？请比较异同点。结尾作者为什么也想变成一朵"自由幸福"的云呢？展开想象，也学着作者的样子，创作一段小诗，和云朵说说你的心里话。

# 色　彩

生命是张没价值的白纸，
自从绿给了我发展，
红给了我情热，
黄教我以忠义，

---

本文作者闻一多。

蓝教我以高洁,
粉红赐我以希望,
灰白赠我以悲哀;
再完成这帧彩图,
黑还要加我以死。
从此以后,
我便溺爱于我的生命,
因为我爱他的色彩。

### 阅读导引

　　诗人发挥奇特的想象,将绘画中颜色的由绿到黑,自然巧妙地排列起来,正好经历了生命由生到死的过程。将抽象的生命予以不同的色彩,合理运用了比喻、象征、排比等修辞方法,给人丰富的想象力,让人思考,启发人们应该以认真的态度来对待生命。辞藻繁丰、色彩绚丽是闻一多诗歌的一大艺术特色。闻一多注重语言的色彩感,在当时是很引人瞩目的。他把绘画中的色彩作为创造诗歌形式美的一种艺术手段,使诗更具有直观性。这首诗表现了作者在彻底领悟了生命的内涵后发自内心的真情实感。苍白的生命、单调的生命不是完整的生命,只有将正义与勇敢,热烈与忠诚,博大与希望集于一身的生命,才是最有价值、最有意义的生命。

　　诗中的生命"色彩"包含什么哲理意味?生命既然有"悲哀",并且黑要"加我以死",诗人为什么还说"从此以后,我便溺爱于我的生命,因为我爱他的色彩"呢?

# 青春万岁(序诗)

所有的日子,所有的日子都来吧,
让我编织你们,用青春的金线,
和幸福的璎珞,编织你们。

有那小船上的歌笑,月下校园的欢舞,
细雨蒙蒙里踏青,初雪的早晨行军,
还有热烈的争论,跃动的、温暖的心……

是转眼过去的日子,也是充满遐想的日子,
纷纷的心愿迷离,像春天的雨,
我们有时间,有力量,有燃烧的信念,
我们渴望生活,渴望在天上飞。

是单纯的日子,也是多变的日子,
浩大的世界,样样叫我们好惊奇,
从来都兴高采烈,从来不淡漠,
眼泪,欢笑,深思,全是第一次。

所有的日子都去吧,都去吧,
在生活中我快乐地向前,
多沉重的担子,我不会发软,
多严峻的战斗,我不会丢脸;
有一天,擦完了枪,擦完了机器,擦完了汗,

---

本文作者王蒙。

> 我想念你们，招呼你们，
>
> 并且怀着骄傲，注视你们。
>
> 1953—1956

### 阅读导引

本文是长篇小说《青春万岁》的序诗。诗人借助小船上的歌笑、月光下的欢舞、细雨中的踏青、晨雪里的行军、热烈的争论等意象表现新中国成立初期青年人饱满、燃烧、沸腾的生活。这首诗表现了诗人对生活的无比热爱、对人生的无限憧憬和对未来的坚定信念，展示了新中国成立初期青年人特有的献身祖国、建设祖国的自豪与责任、豪情与壮志。从诗意上看，前呼后应，共同表现对未来新生活的呼唤；从结构上看，首尾照应，结构完整。

作者写作时间是1953年，正值新中国成立不久，是发展国民经济"一五计划"的开局年，全国人民都投身于大力建设新中国的热潮中，这就是小说写作的背景，也是序诗的背景。作者写作时只有19岁，正处于热情洋溢的青春时代，写出来的作品自然也就充满了浓郁的青春气息。从全诗中，能够强烈感受到那种充满激情的青春气息，根据诗歌的欢乐基调，我们就能体会出诗人那种对生活、对人生、对未来的豪情与信念。

作者借助哪些意象表达了当时青年怎样的生活情境？诗歌第一节开头说"所有的日子，所有的日子都来吧"，第五节开头却说"所有的日子都去吧，都去吧"，这是否矛盾？为什么？这样写从诗意和结构上有什么作用？

# 致 橡 树

我如果爱你——

绝不像攀援的凌霄花

---

本文作者舒婷。

借你的高枝炫耀自己；
我如果爱你——
绝不学痴情的鸟儿
为绿阴重复单调的歌曲；
也不止像泉源，
长年送来清凉的慰藉；
也不止像险峰，
增加你的高度，衬托你的威仪。
甚至日光，
甚至春雨。
不，这些都还不够！
我必须是你近旁的一株木棉，
作为树的形象和你站在一起。
根，紧握在地下
叶，相触在云里。
每一阵风过
我们都互相致意，
但没有人
听懂我们的言语。
你有你的铜枝铁干
像刀、像剑，
也像戟；
我有我红硕的花朵
像沉重的叹息，
又像英勇的火炬。
我们分担寒潮、风雷、霹雳；
我们共享雾霭、流岚、虹霓。
仿佛永远分离，
却又终身相依。
这才是伟大的爱情，
坚贞就在这里：

爱——

不仅爱你伟岸的身躯，

也爱你坚持的位置，足下的土地。

1977年3月27日

### 阅读导引

　　《致橡树》是当代女诗人舒婷创作的一首爱情诗。通过象征手法展示富有时代气息的爱情追求，表达的是平等独立而又紧密结合、相互依存的爱情观。作为"朦胧诗派"的诗作，它不像常见的爱情诗那样直抒胸臆，而是跳出一般爱情诗的窠臼，摆脱情网中人的意乱情迷，以局外人的身份观照爱情，对爱情的本质进行了一番理性的拷问与判断。

　　诗人以橡树为对象表达了爱情的热烈、诚挚和坚贞。诗中的橡树不是一个具体的对象，而是诗人理想中的情人象征。因此，这首诗一定程度上不是单纯倾诉自己的热烈爱情，而是要表达一种爱情的理想和信念，通过亲切具体的形象来发挥，颇有古人托物言志的意味。诗歌以新奇瑰丽的意象、恰当贴切的比喻表达了诗人心中理想的爱情观。诗中的比喻和奇特的意象组合都代表了当时的诗歌新形式，具有开创性意义。另外，尽管诗歌采用了新奇的意象，但诗的语言并不晦涩难懂，而是具有口语化的特征，新奇中带着一种清新的灵气和微妙的暗示，给人以无限的遐想空间。

　　阅读完本诗，想一想：是谁在给"橡树"写"信"呢？作者否定了哪几种爱情观？为什么？凌霄花和鸟儿象征的是什么样的爱情观？为什么用它们来象征？

# 纸　　船
## ——寄母亲

我从不肯妄弃了一张纸，
总是留着——留着，
叠成一只一只很小的船儿，
从舟上抛下在海里。

有的被天风吹卷到舟中的窗里，
有的被海浪打湿，沾在船头上。
我仍是不灰心地每天叠着，
总希望有一只能流到我要它到的地方去。

母亲，倘若你梦中看见一只很小的白船儿，
不要惊讶它无端入梦。
这是你至爱的女儿含着泪叠的，
万水千山，求它载着她的爱和悲哀归去。

▶▶ 阅读导引 ◀◀

  冰心早期人生观"爱"的哲学中有三根支柱——母爱、童心和自然。"童心""自然"可以得到复活和重现，而"母爱"则因远离母亲而无法亲近。因而诗人格外怀念母亲，甚至因思念母亲而得病，又因在梦中得见母亲而病

---
本文作者冰心。

愈。这首诗就抒写了诗人思念母亲的深情。诗分三节,有两个视角。第一个视角是儿童;第二个视角是母亲。诗的第一节从自己充满天真童心的行为——折纸船写起,说自己在海船上不肯妄弃一张纸,把它叠成小船儿。第二节写从船上抛出的纸船的去向,"有的被天风吹卷到舟中的窗里,有的被海浪打湿,沾在船头上"。第三节改换视角后表现了对母亲的依恋之情。作者书写自己刹那间涌现的感触与自然风景,传达出的是一段挚情或一缕幽思,空灵而缠绵、纤细而清澈。以孩子般的纯真和天真,从儿童的游戏世界找到一个可以寄托对母亲的眷恋的中介物——纸船,并以此展开自己的情感,令读者心动。诗中纸船的意象值得读者注意:既承载着对母亲的思念,在折折叠叠中传递思愁;又能让人联想起李清照诗句"只恐双溪舴艋舟,载不动许多愁"的审美感受。

诗歌说"从不肯妄弃了""一张纸""总是留着",却又把"一只只"小纸船"抛下在海里",这样写矛盾吗?为什么?每天不灰心地叠船,希望有一只小纸船"能流到我要它到的地方去",这样写有何用意?

# 长　江

长江很早便醒过来。它醒过来的时候,浦口车站上的路灯还没有熄灭。

长江很早便醒过来。它以鱼肚色抹着缕缕玫瑰红的曙天,它以宽阔的江面上的黎明,它以四月的风吹拂着的麦浪似的水波,它以脸上展开的微笑,迎接过江的渡船上的火车和旅客。

哦,长江。哦,我们的古老的、古老的母亲,以自己的乳汁,千年万载地哺育了亿万子女的乳娘。

我们从车窗里看见你,你这样的容光焕发,你的笑容多么甜美。我想,不止是这江面上众多的升帆的货船和鸣笛的汽轮,那来往穿梭的舢板和驳船,不止是停泊在江

---

本文作者郭风。

心的钻探船,不止是下关码头两旁长长的仓库、堆栈和高楼,使你的心好像黎明一般的舒畅,青春一般的欢愉。

哦,长江。从你流动和奔腾过来的、纵横广阔的土地上,山和一串串明珠一般的湖泊,江岸上的码头,建筑物,无边无际的田野,风车,工厂和一座一座的城市:不止是这些,使你的脸上堆满了笑容,使你的心好像黎明一般的舒畅,青春一般的欢愉。

哦,长江。哦,我们古老的、古老的母亲,以自己的乳汁,千年万载地哺育了亿万子女的乳娘。我想,那是祖国人民的无比幸福的生活,那是祖国人民对于未来的灿烂的理想,祖国人民奔赴未来的壮志,那是我们这个时代的全部光辉,照耀得你的心好像黎明一般的舒畅,青春一般的欢愉。

呵,你以宽阔江面上的黎明和粼粼的水波,你以脸上展开的微笑,迎接着过江的渡船上的火车和旅客。我们看见你,你这样的容光焕发,你的笑容多么甜美。

为我们这个时代的光辉所照耀,你这样早便醒过来了。水呵,风呵,玫瑰色的曙天呵,我们一起来歌唱我们这个时代和祖国的赞歌。

### 阅读导引

郭风的作品写景绘物,使人如临其境,在大自然的遨游中,时时以独特的审美视角,抒发自我感知,留下心灵的轨迹。郭风的作品追求自然、本色、纯朴,具有广阔的历史感和深沉的哲理意蕴,同时又贮满了诗情画意。本诗通过一个"醒"字贯串,洋溢着的是诗人对祖国新生活的赞美与歌唱、对祖国美好未来的展望。

作品为什么不写长江的中午或是傍晚,而只写长江的黎明?这里的黎明仅仅是一种自然现象吗?作者在诗中反复提及"你的心好像黎明一般的舒畅,青春一般的欢愉",却又一再强调长江"古老",是否矛盾?说说你的理由。

# 雨　　说

## ——为生活在中国大地上的儿童而歌

（雨说：四月已在大地上等待久了……）
等待久了的田圃跟牧场
等待久了的鱼塘和小溪
当田圃冷冻了一冬禁锢着种子
牧场枯黄失去牛羊的踪迹
当鱼塘寒浅留滞着游鱼
小溪渐渐喑哑歌不成调子
雨说，我来了，我来探访四月的大地

我来了，我走得很轻，而且温声细语地
我的爱心像丝缕那样把天地织在一起
我呼唤每一个孩子的乳名又甜又准
我来了，雷电不喧嚷，风也不拥挤

当我临近的时候你们也许知悉了
可别打开油伞将我抗拒
别关起你的门窗，放下你的帘子
别忙着披蓑衣，急着戴斗笠

雨说：我是到大地上来亲近你们的
我是四月的客人带来春的洗礼

---

本文作者郑愁予。

为什么不扬起你的脸让我亲一亲
为什么不跟着我走,踩着我脚步的拍子?

跟着我去踩田圃的泥土将润如油膏
去看牧场就要抽发忍冬的新苗
绕着池塘跟跳跃的鱼儿说声好
去听听溪水练习新编的洗衣谣

雨说:我来了,我来的地方很遥远
那儿山峰耸立,白云满天
我也曾是孩子和你们一样地爱玩
可是,我是幸运的
我是在白云的襁褓中笑着长大的

第一样事,我要教你们勇敢地笑啊
君不见,柳条儿见了我笑弯了腰啊
石狮子见了我笑出了泪啊
小燕子见了我笑斜了翅膀啊

第二样事,我还要教你们勇敢地笑
那旗子见了我笑得哗啦啦地响
只要旗子笑,春天的声音就有了
只要你们笑,大地的希望就有了

雨说,我来了,我来了就不再回去
当你们自由地笑了,我就快乐地安息
有一天,你们吃着苹果擦着嘴
要记着,你们嘴里的那份甜呀,就是我祝福的心意

1979 年

>>> 阅读导引 >>>

　　《雨说》是郑愁予先生的一篇佳作，它清新活泼，明快耐读，轻柔温软。作品运用了拟人的手法，以一个爱的使者的形象，鼓励孩子们自由欢笑、勇敢生活。在诗中，雨是那样的温柔，那样的轻盈，那样的善解人意！作者笔下这雨，为人带来了希望和幸福，最后为此捐躯，在土地里"快乐地安息"。我们也可以关注本诗的副标题"为生活在中国大地上的儿童而歌"，我们应该去感受生活的美好，去体会长者的爱抚和在无忧无虑中幸福成长的快乐。

　　本诗段落清晰，全文可根据每章开头的"雨说"两字分为三个大段落。第一段从开头到"急着戴斗笠"，描述了春雨来前大地枯旱的景象和春雨来时轻柔的姿态。第二段从"雨说：我是到大地上来亲近你们的"到"大地的希望就有了"，这一段写春雨给大地和人们带来生机和希望。第三段就是"雨说，我来了，我来了就不再回去"这一段，这是文章的总结，诗人赞颂了春雨为大地，为人们而牺牲自己的无私精神，这亦是诗人的创作动机。

　　读了本诗，请想一想，雨教小孩子做什么，为什么要教他们这样做？诗人用第一人称的口吻来写雨有什么效果？谈谈你的理解。

# 星星变奏曲

如果大地的每个角落都充满了光明
谁还需要星星，谁还会
在夜里凝望
寻找遥远的安慰
谁不愿意
每天
都是一首诗
每个字都是一颗星

---

本文作者江河。

像蜜蜂在心头颤动
谁不愿意，有一个柔软的晚上
柔软得像一片湖
萤火虫和星星在睡莲丛中游动
谁不喜欢春天，鸟落满枝头
像星星落满天空
闪闪烁烁的声音从远方飘来
一团团白丁香朦朦胧胧

如果大地的每个角落都充满了光明
谁还需要星星，谁还会
在寒冷中寂寞地燃烧
寻找星星点点的希望
谁愿意
一年又一年
总写苦难的诗
每一首都是一群颤抖的星星
像冰雪覆盖在心头
谁愿意，看着夜晚冻僵
僵硬得像一片土地
风吹落一颗又一颗瘦小的星
谁不喜欢飘动的旗子，喜欢火
涌出金黄的星星
在天上的星星疲倦了的时候——升起
去照亮太阳照不到的地方

▶▶ 阅读导引 ▶▶

"变奏曲"本是音乐的一个术语,意指主题不断变化、反复,并有统一构思的乐曲。本诗的题目为"星星变奏曲",以"星星"作为歌咏的对象。诗分为两节,对"星星"歌咏的角度不同,形成乐曲中的所谓的"变奏"。诗的第一节是暖色调的,第二节却是冷色调的。对于暖色调的描写,诗人以一句"谁不愿意",予以否定之否定——肯定;对于冷色调的描写,诗人以一句"谁愿意",予以坚决的否定。两节的内容形成一种互补,从而形成了这样一种诗歌的情绪。

这首抒情诗以"星星"象征光明,即诗意、春天、温暖、希望和自由等生活中最美好的东西,但诗中的"星星"又有其特定的情境和意味,即它所显现的不是阳光普照的光明,而是茫茫黑夜中闪现的点点光明,寄托了诗人在现实中执著追求的理想。全诗由两个基本对称的诗节组成,每一节十六行,都以"如果……"的假设句起头,具有一气呵成的气势。整首诗都以"星星"为主要意象并以假设为前提来抒情写意,展示现实与理想的背离,显示诗人对光明的渴求。

诗人透过这两种意境,要表达一种怎样的感情呢?"每一首都是一群颤抖的星星",这里的"星星"为什么要"颤抖"呢?"寂寞地燃烧"又是什么意思呢?说说你的看法。

# 祖 国

我爱祖国,但却用的是奇异的爱情!
连我的理智也不能把它制胜。
无论是鲜血换来的光荣,
无论是充满了高傲的虔信的宁静,
无论是那远古时代的神圣的传言,
都不能激起我心中的慰藉的幻梦。

---

本文作者[俄]莱蒙托夫,译者余振。

但我爱——我不知道为什么——
它那草原上凄清冷漠的沉静，
它那随风晃动的无尽的森林，
它那大海似的汹涌的河水的奔腾；
我爱乘着马车奔上村落间的小路，
用缓慢的目光透过那苍茫的夜色，
惦念着自己夜间的宿地，迎接着
道路旁荒村中那点点颤抖的灯光；
我爱那野火冒起的轻烟，
草原上过夜的大队车马，
苍黄的田野中小山头上，
那两棵闪着微光的白桦。

我怀着人所不知的快乐
望着堆满谷物的打谷场，
覆盖着稻草的农家茅房，
镶嵌着浮雕窗板的小窗；
而在有露水的节日夜晚，
在那醉酒的农人笑谈中，
看着那伴着口哨的舞蹈，
我可以直看到夜半更深。

### 阅读导引

诗篇生动描摹了充满诗情画意的俄罗斯的大自然和乡村。与那些把祖国当成一个空洞的概念去讴歌的浪漫派诗人不同，莱蒙托夫把祖国美好的大地和勤劳朴实的人民视为祖国概念的真正内涵，表现出他想了解和接近人民并休戚与共的强烈愿望，抒发了他对俄罗斯淳朴的乡村生活的爱。

诗人所抒发的爱国之情主要是通过描写俄罗斯的夜色及夜色中人们的活动表现出来的。这样写有什么好处？"但我爱——我不知道为什么——"表现了作者的爱国之情，但作者却说"我不知道为什么"，作者真是不知道为什么吗？

# 黑人谈河流

我了解河流：
我了解像世界一样古老的河流，
比人类血管中流动的血液更古老的河流。

我的灵魂变得像河流一般深邃。

晨曦中我在幼发拉底河沐浴，
在刚果河畔我盖了一间茅舍，
河水潺潺催我入眠。
我眺望尼罗河，在河畔建造了金字塔。
当林肯去新奥尔良时，
我听到密西西比河的歌声，
我瞧见它那浑浊的胸膛
　　在夕阳下闪耀金光。

我了解河流：
古老的黝黑的河流。

我的灵魂变得像河流一般深邃。

---

本文作者［美］休斯，译者申奥。

> **阅读导引**

休斯作为一位豪放的黑人诗人，他沉郁粗犷、浑厚淳朴的诗风，在《黑人谈河流》中已初步显示出来。在人类历史上，黑人曾经作出过杰出贡献，休斯在诗的开头，以这种民族自豪感，把对美国当时社会种族歧视政策的蔑视，把对生活、社会、历史的深刻理解，凝聚在一起，唱出了来势突兀的一句："我了解河流。"他用一幅一幅的历史图画，让我们感受到了在人类历史发展的长河中，黑人民族的伟大作用。他把抽象的情感，完全融会于形象的诗句之中。

诗的开篇两次提到"我了解河流"，两次描写河流的古老，有何深意？"我的灵魂变得像河流一般深邃"应该怎样理解？这句诗反复出现，请分析其表达效果。

# 大堰河——我的保姆

大堰河，是我的保姆。
她的名字就是生她的村庄的名字，
她是童养媳，
大堰河，是我的保姆。

我是地主的儿子，
也是吃了大堰河的奶而长大了的
大堰河的儿子。
大堰河以养育我而养育她的家，
而我，是吃了你的奶而被养育了的，
大堰河啊，我的保姆。

---

本文作者艾青。

大堰河，今天我看到雪使我想起了你：
你的被雪压着的草盖的坟墓，
你的关闭了的故居檐头的枯死的瓦菲，
你的被典押了的一丈平方的园地，
你的门前的长了青苔的石椅，
大堰河，今天我看到雪使我想起了你。

你用你厚大的手掌把我抱在怀里，抚摸我；
在你搭好了灶火之后，
在你拍去了围裙上的炭灰之后，
在你尝到饭已煮熟了之后，
在你把乌黑的酱碗放到乌黑的桌子上之后，
在你补好了儿子们的为山腰的荆棘扯破的衣服之后，
在你把小儿被柴刀砍伤了的手包好之后，
在你把夫儿们的衬衣上的虱子一颗颗地掐死之后，
在你拿起了今天的第一颗鸡蛋之后，
你用你厚大的手掌把我抱在怀里，抚摸我。

我是地主的儿子，
在我吃光了你大堰河的奶之后，
我被生我的父母领回到自己的家里。
啊，大堰河，你为什么要哭？

我做了生我的父母家里的新客了！
我摸着红漆雕花的家具，
我摸着父母的睡床上金色的花纹，
我呆呆地看着檐头的我不认得的"天伦叙乐"的匾，
我摸着新换上的衣服的丝的和贝壳的纽扣，
我看着母亲怀里的不熟识的妹妹，
我坐着油漆过的安了火钵的炕凳，
我吃着碾了三番的白米的饭，

但，我是这般忸怩不安！因为我
我做了生我的父母家里的新客了。

大堰河，为了生活，
在她流尽了她的乳汁之后，
她就开始用抱过我的两臂劳动了；
她含着笑，洗着我们的衣服，
她含着笑，提着菜篮到村边的结冰的池塘去，
她含着笑，切着冰屑悉索的萝卜，
她含着笑，用手掏着猪吃的麦糟，
她含着笑，扇着炖肉的炉子的火，
她含着笑，背了团箕到广场上去
　　　　晒好那些大豆和小麦，
大堰河，为了生活，
在她流尽了她的乳液之后，
她就用抱过我的两臂，劳动了。

大堰河，深爱着她的乳儿；
在年节里，为了他，忙着切那冬米的糖，
为了他，常悄悄地走到村边的她的家里去，
为了他，走到她的身边叫一声"妈"，
大堰河，把他画的大红大绿的关云长
　　　　贴在灶边的墙上，
大堰河，会对她的邻居夸口赞美她的乳儿；
大堰河曾做了一个不能对人说的梦：
在梦里，她吃着她的乳儿的婚酒，
坐在辉煌的结彩的堂上，
而她的娇美的媳妇亲切地叫她"婆婆"
……
大堰河，深爱她的乳儿！

大堰河，在她的梦没有做醒的时候已死了。
她死时，乳儿不在她的旁侧，
她死时，平时打骂她的丈夫也为她流泪，
五个儿子，个个哭得很悲，
她死时，轻轻地呼着她的乳儿的名字，
大堰河，已死了，
她死时，乳儿不在她的旁侧。

大堰河，含泪地去了！
同着四十几年的人世生活的凌侮，
同着数不尽的奴隶的凄苦，
同着四块钱的棺材和几束稻草，
同着几尺长方的埋棺材的土地，
同着一手把的纸钱的灰，
大堰河，她含泪地去了。

这是大堰河所不知道的：
她的醉酒的丈夫已死去，
大儿做了土匪，
第二个死在炮火的烟里，
第三，第四，第五
在师傅和地主的叱骂声里过着日子。
而我，我是在写着给予这不公道的世界的咒语。
当我经了长长的漂泊回到故土时，
在山腰里，田野上，
兄弟们碰见时，是比六七年前更要亲密！
这，这是为你，静静地睡着的大堰河
所不知道的啊！

大堰河，今天，你的乳儿是在狱里，
写着一首呈给你的赞美诗，

呈给你黄土下紫色的灵魂，
呈给你拥抱过我的直伸着的手，
呈给你吻过我的唇，
呈给你泥黑的温柔的脸颜，
呈给你养育了我的乳房，
呈给你的儿子们，我的兄弟们，
呈给大地上一切的，
我的大堰河般的保姆和她们的儿子，
呈给爱我如爱她自己的儿子般的大堰河。

大堰河，
我是吃了你的奶而长大了的
你的儿子，
我敬你
爱你！

1933 年 1 月 14 日，雪朝

### 阅读导引

　　《大堰河——我的保姆》是艾青早期诗歌的代表作。它以诚挚热烈的感情，形象质朴的语言，自然清新的格调和浓郁亲切的乡土气息，突出地表现了诗人独具个性特征的艺术才华。诗人集中地描述了自己的保姆大堰河一生的悲苦经历，通过对她的回忆与思念，通过对她的讴歌与赞美，成功地塑造了旧中国劳动妇女的崇高形象。同时，对于那个不公道的世界，发出了愤怒的痛诉。

　　艾青的诗丝毫没有雕章琢句的痕迹，他不特意去追求形式和音韵的美。他诗歌内在的美，更多地表现在对人物真实、细腻、准确、传神的刻画之中。诗人写大堰河的形象，选择了一系列有代表性的细节，使人物跃然纸上，亲切感人。写她深爱自己的乳儿，在年节的繁忙之中，为了他，去切那冬米的糖；把他画的大红大绿的关云长贴在灶边，好使自己抬头可见，因而感到心灵的快慰。在诗人十分细腻的描摹之中，这位普通农妇的举止动作、音容笑貌、美丽心灵都得到了完美的表现。诗人真挚饱满的感情，对生活细致入微的体察，对世界富有哲理的见解，以及技巧上的纯熟，是使这首诗成为优秀作品的重要因素。

这首诗采用了哪些手法为我们塑造大堰河的形象，展现大堰河的命运？作者在诗中为什么单用"紫色"来修饰"灵魂"呢？

# 老　　虎

老虎！老虎！火一样辉煌，
烧穿了黑夜的森林和草莽，
什么样非凡的手和眼睛
能塑造你一身惊人的匀称？

什么样遥远的海底、天边
烧出了做你眼睛的火焰？
跨什么翅膀胆敢去凌空？
凭什么铁掌抓一把火种？

什么样功夫，什么样胳膊，
拗得成你五脏六腑的筋络？
等到你的心一开始蹦跳，
什么样惊心动魄的手、脚？

什么样铁链？什么样铁锤？

---

本文作者［英］布莱克，译者卞之琳。

什么样熔炉里炼你的脑髓?
什么样铁砧?什么样猛劲
一下子掐住了骇人的雷霆?

到临了,星星扔下了金枪,
千万滴银泪洒遍了穹苍,
完工了再看看.他可会笑笑?
不就是造羊的把你也造了?

老虎!老虎!火一样辉煌,
烧穿了黑夜的森林和草莽,
什么样非凡的手和眼睛
敢塑造你一身惊人的匀称?

### ◀◀ 阅读导引 ▶▶

在诗中吟咏动物,是"咏物诗"中常见的类型,老虎也是古今中外很多文学家钟爱的对象。这首诗的写作年代,正是法国大革命爆发的时期,布莱克是这场革命热烈的支持者。这首诗没有直接描绘老虎的形象,但诗人一连串的追问,也从多个侧面、多个角度,在读者的想象中刻画出了虎的铁掌、眼睛、体形。布莱克的老虎意象威武堂堂,活力四射,有着火焰般光芒四射的眼睛,令人毛骨悚然的匀称的身躯,强有力的心跳,饱经锤炼的大脑。

在语言、形式方面,这首诗最突出的特点,首先是通过相同句式的重叠使用,形成强劲的语言节奏,一行一行诗,像锤子一下一下打在铁锭上,铿锵有力,震撼人心。阅读这首诗,即便抛开诗歌的意义,单凭节奏本身,就可让读者感受到老虎威猛的气势。其次,全诗以疑问句为主,基本上没有使用描摹、叙述的手段,但在强劲的节奏之外,也有一种视觉上的冲击力,我们仿佛真的见到一只老虎,正活灵活现地跃出纸面。

作者笔下的以老虎为主的意象群有何特点?作者用了一连串无需回答的问句组成了全诗,表达了一种怎样的感情?作者极力刻画造物者的"非凡"身手,具有惊人的形象之美,目的何在?

# 西 风 颂

## 一

哦,狂暴的西风,秋之生命的呼吸!
你无形,但枯死的落叶被你横扫,
有如鬼魅碰上了巫师,纷纷逃避:

黄的,黑的,灰的,红得像患肺痨,
呵,重染疫疠的一群:西风呵,是你
以车驾把有翼的种子催送到

黑暗的冬床上,它们就躺在那里,
像是墓中的死尸,冰冷,深藏,低贱,
直等到春天,你碧空的姊妹吹起

她的喇叭,在沉睡的大地上响遍,
(唤出嫩芽,像羊群一样,觅食空中)
将色和香充满了山峰和平原:

不羁的精灵呵,你无处不远行;
破坏者兼保护者:听吧,你且聆听!

## 二

没入你的急流,当高空一片混乱,
流云像大地的枯叶一样被撕扯
脱离天空和海洋的纠缠的枝干,

---

本文作者〔英〕雪莱,译者查良铮。

成为雨和电的使者:它们飘落
在你的磅礴之气的蔚蓝的波面,
有如狂女的飘扬的头发在闪烁,

从天穹最遥远而模糊的边沿
直抵九霄的中天,到处都在摇曳
欲来雷雨的鬈发,对濒死的一年

你唱出了葬歌,而这密集的黑夜
将成为它广大墓陵的一座圆顶,
里面正有你的万钧之力在凝结;

那是你的浑然之气,从它会迸涌
黑色的雨,冰雹和火焰:哦,你听!

三

是你,你将蓝色的地中海唤醒,
而它曾经昏睡了一整个夏天,
被澄澈水流的回旋催眠入梦,

就在巴亚海湾的一个浮石岛边,
它梦见了古老的宫殿和楼阁
在水天映辉的波影里抖颤,

而且都生满青苔、开满花朵,
那芬芳真迷人欲醉!呵,为了给你
让一条路,大西洋的汹涌的浪波

把自己向两边劈开,而深在渊底
那海洋中的花草和泥污的树林
虽然枝叶扶疏,却没有精力;

听到你的声音,它们已吓得发青:
一边战栗,一边自动萎缩:哦,你听!

四

唉,假如我是一片枯叶被你浮起,
假如我是能和你飞跑的云雾,
是一个波浪,和你的威力同喘息,

假如我分有你的脉搏,仅仅不如
你那么自由,哦,无法约束的生命!
假如我能像在少年时,凌风而舞

便成了你的伴侣,悠游于太空
(因为呵,那时候,要想追你上云霄,
似乎并非梦幻),我就不致像如今

这样焦躁地要和你争相祈祷。
哦,举起我吧,当我是水波、树叶、浮云!
我跌在生活的荆棘上,我流血了!

这被岁月的重轭所制伏的生命
原是和你一样的:骄傲、轻捷而不驯。

五

把我当作你的竖琴吧,有如树林:
尽管我的叶落了,那有什么关系!
你巨大的合奏所振起的乐音

将染有树林和我的深邃的秋意:
虽忧伤而甜蜜。呵,但愿你给予我
狂暴的精神!奋勇者呵,让我们合一!

请把我枯死的思想向世界吹落,

让它像枯叶一样促成新的生命!
哦,请听从这一篇符咒似的诗歌,

就把我的话语,像是灰烬和火星
从还未熄灭的炉火向人间播散!
让预言的喇叭通过我的嘴唇

把昏睡的大地唤醒吧!要是冬天
已经来了,西风呵,春日怎能遥远?

### 阅读导引

  诗人把西风当作革命力量的象征,它横扫败叶、席卷残云、震荡大海,是无所不及、无处不在的"精灵"。《西风颂》采用的是象征性手法,整首诗从头到尾都在写秋天的西风,无论是写景也好,抒情也好,都没有脱离西风这个形象。诗人以优雅而蓬勃的想象力构出了西风的形象,那气势磅礴的诗句,把西风的壮烈,急于扫除旧世界的情感抒发得淋漓尽致。"要是冬天已经来了,春日怎能遥远?"这有名的诗句一百多年来鼓舞了无数革命者。全诗感情强烈,主题鲜明,西风象征着向往民主、自由、所向披靡的一股力量,诗人将自己的处境和情绪融入诗中,设想自己是横扫一切的西风,是新世界的传播者和歌颂者,因此该诗具有强烈的革命性。

  诗歌运用了暗喻和象征的手法表现了诗人怎样的情感?第三部分中"蓝色的地中海"有怎样的象征意义?如何理解西风是"破坏者兼保护者"?

# 雪

　　暖国的雨，向来没有变过冰冷的坚硬的灿烂的雪花。博识的人们觉得他单调，他自己也以为不幸否耶？江南的雪，可是滋润美艳之至了；那是还在隐约着的青春的消息，是极壮健的处子的皮肤。雪野中有血红的宝珠山茶，白中隐青的单瓣梅花，深黄的磬口的蜡梅花；雪下面还有冷绿的杂草。胡蝶确乎没有；蜜蜂是否来采山茶花和梅花的蜜，我可记不真切了。但我的眼前仿佛看见冬花开在雪野中，有许多蜜蜂们忙碌地飞着，也听得他们嗡嗡地闹着。

　　孩子们呵着冻得通红，像紫芽姜一般的小手，七八个一齐来塑雪罗汉。因为不成功，谁的父亲也来帮忙了。罗汉就塑得比孩子们高得多，虽然不过是上小下大的一堆，终于分不清是壶卢还是罗汉；然而很洁白，很明艳，以自身的滋润相粘结，整个地闪闪地生光。孩子们用龙眼核给他做眼珠，又从谁的母亲的脂粉奁中偷得胭脂来涂在嘴唇上。这回确是一个大阿罗汉了。他也就目光灼灼地嘴唇通红地坐在雪地里。

　　第二天还有几个孩子来访问他；对了他拍手，点头，嘻笑。但他终于独自坐着了。晴天又来消释他的皮肤，寒夜又使他结一层冰，化作不透明的模样；连续的晴天又使他成为不知道算什么，而嘴上的胭脂也褪尽了。

　　但是，朔方的雪花在纷飞之后，却永远如粉，如沙，他们决不粘连，撒在屋上，地上，枯草上，就是这样。屋上的雪是早已就有消化了的，因为屋里居人的火的温热。别的，在晴天之下，旋风忽来，便蓬勃地奋飞，在日光中灿灿地生光，如包藏火焰的大雾，旋转而且升腾，弥漫太空；使太空旋转而且升腾地闪烁。

　　在无边的旷野上，在凛冽的天宇下，闪闪地旋转升腾着的是雨的精魂……

　　是的，那是孤独的雪，是死掉的雨，是雨的精魂。

一九二五年一月十八日

---

本文作者鲁迅。

## 阅读导引

文章描写了江南与北方的雪景,并在对比中体现出作者的倾向。江南的雪是美的,但它是温润的美,相比而言,最值得称赞的还是在孤单的境遇下独自抗争的北方的雪。鲁迅的语言风格非常独特,例如,在描写完江南的雪之后,用了一个峻急的"但是",转入对"朔方的雪"的描述。看似并不需要转折,可加上这个"但是"之后,情感的倾向性更加明显了。这一点在阅读的时候,我们可以细细品味。

作者善于把语言的色彩变化和音乐旋律与自己所要表现的思想内容十分和谐地统一起来,二者呼应最易于激动读者的思想情绪。江南的雪景中隐约着春的讯息,因此,对它的描写,突出了奇丽绚烂;在那美艳之至的场景中,蜜蜂的振翅声,儿童的嘻笑,仿佛是奏着极其和谐动听的乐曲。作者采用象征手法,通过一系列富有象征性、暗示性的艺术形象的创造,隐晦曲折地传达出自己的志趣意绪,表现作品的主题,而使这篇作品的意境新奇而又幽远,余味无穷。

作者当时身处北京,面对"弥漫太空""旋转而且升腾"的朔方的雪天,却在一开始就提出了一个耐人寻味的问题:"暖国的雨,向来没有变过冰冷的坚硬的灿烂的雪花。博识的人们觉得他单调。他自己也以为不幸否耶?"这是为什么?江南的雪给人们增添无限的生活乐趣,作者在这里主要是从孩子们的角度着笔,但这只是孩子们所特有的乐趣吗?结合文中内容进行品析。

# 银　　杏

银杏,我思念你,我不知道你为什么又叫公孙树。但一般人叫你是白果,那是容易了解的。

我知道,你的特征并不专在乎你有这和杏相仿佛的果实,核皮是纯白如银,核仁是富于营养——这不用说已经就足以为你的特征了。

---

本文作者郭沫若。

但一般人并不知道你是有花植物中最古的先进,你的花粉和胚珠具有着动物般的性态,你是完全由人力保存了下来的奇珍。

自然界中已经是不能有你的存在了,但你依然挺立着,在太空中高唱着人间胜利的凯歌。

你这东方的圣者,你这中国人文的有生命的纪念塔,你是只有在中国才有呀,一般人似乎也并不知道。

我到过日本,日本也有你,但你分明是日本的华侨,你侨居在日本大约已有中国的文化侨居在日本那样久远了吧。

你是真应该称为中国的国树的呀,我是喜欢你,我特别的喜欢你。

但也并不是因为你是中国的特产,我才特别的喜欢,是因为你美,你真,你善。

你的株干是多么的端直,你的枝条是多么的蓬勃,你那折扇形的叶片是多么的青翠,多么的莹洁,多么的精巧呀!

在暑天你为多少的庙宇戴上了巍峨的云冠,你也为多少的劳苦人撑出了清凉的华盖。

梧桐虽有你的端直而没有你的坚牢;

白杨虽有你的葱茏而没有你的庄重。

熏风会媚妩你,群鸟时来为你欢歌;上帝百神——假如是有上帝百神,我相信每当皓月流空,他们会在你脚下来聚会。

秋天到来,蝴蝶已经死了的时候,你的碧叶要翻成金黄,而且又会飞出满园的蝴蝶。

你不是一位巧妙的魔术师吗?但你丝毫也没有令人掩鼻的那种的江湖气息。

当你那解脱了一切,你那槎枒的枝干挺撑在太空中的时候,你对于寒风霜雪毫不避易。

那是多么的嶙峋而又洒脱呀,恐怕自有佛法以来再也不曾产生过像你这样的高僧。

你没有丝毫依阿取容的姿态,而你也并不荒伧;你的美德像音乐一样洋溢八荒,但你也并不骄傲;你的名讳似乎就是超然,你超在乎一切的草木之上,你超在乎一切之上,但你并不隐遁。

你的果实不是可以滋养人,你的木质不是坚实的器材,就是你的落叶不也是绝好的引火的燃料吗?

可是我真有点奇怪了:奇怪的是中国人似乎大家都忘记了你,而且忘记得很久远,似乎是从古以来。

我在中国的经典中找不出你的名字,我很少看到中国的诗人咏赞你的诗,也很少看到中国的画家描写你的画。

这究竟是怎么一回事呀,你是随中国文化以俱来的亘古的证人,你不也是以为奇怪吗?

银杏,中国人是忘记了你呀,大家虽然都在吃你的白果,都喜欢吃你的白果,但的确是忘记了你呀。

世间上也尽有不辨菽麦的人,但把你忘记得这样普遍,这样久远的例子,从来也不曾有过。

真的啦,陪都不是首善之区吗?但我就很少看见你的影子,为什么遍街都是洋槐,满园都是幽加里树呢?

我是怎样的思念你呀,银杏!我可希望你不要把中国忘记吧。

这事情是有点危险的,我怕你一不高兴,会从中国的地面上隐遁下去。

在中国的领空中会永远听不着你赞美生命的欢歌。

银杏,我真希望呀,希望中国人单为能更多吃你的白果,总有能更加爱慕你的一天。

1942年5月23日

### 阅读导引

《银杏》是借物抒情、情物合一的美文。作者之所以借银杏来抒发强烈的爱国主义精神,是因为银杏有其独特的历史。作者运用曲笔,通过对银杏古老历史和美真善品格的描绘,深情地赞美了中国古老悠久的民族文化,热切地歌颂了中华民族坚贞不屈的斗争精神,批判了那些数典忘祖、鼓吹投降卖国的汉奸卖国贼!运用对比手法,抒发了对那些数典忘祖、媚外投降者的愤恨之情。

郭沫若在文中描写银杏的外观、姿态时,运用了大量的比喻,例如高僧、华盖等,都是一般人不随意使用的比喻,用在这里不但贴切,而且别开生面,尤其是"秋天的蝴蝶",更具有动感,很生动。这篇散文诗有浓郁的诗情画意,有整齐的句式,叙述、描写、议论不断转换,读起来层次分明,跌宕起伏,感染力很强。

文章中,作者主要用第二人称写银杏,有什么好处?本文运用多种表现手法描写银杏,抒发情感,结合文本,请你任选一个角度加以探究。

# 春天，遂想起

春天，遂想起
江南，唐诗里的江南，九岁时
采桑叶于其中，捉蜻蜓于其中
（可以从基隆港回去的）
江南
　　小杜的江南
　　苏小小的江南
遂想起多莲的湖，多菱的湖
多螃蟹的湖，多湖的江南
吴王和越王的小战场
（那场战争是够美的）
　　逃了西施
　　失踪了范蠡
失踪在酒旗招展的
（从松山飞三个小时就到的）
　　乾隆皇帝的江南

春天，遂想起遍地垂柳
　　的江南，想起
太湖滨一渔港，想起
那么多的表妹，走在柳堤
（我只能娶其中的一朵！）
走过柳堤，那许多的表妹

---
本文作者余光中。

就那么任伊老了
任伊老了，在江南
（喷射云三小时的江南）

即使见面，她们也不会陪我
陪我去采莲，陪我去采菱
即使见面，见面在江南
　　在杏花春雨的江南
　　在江南的杏花村
　　（借问酒家何处）
　　何处有我的母亲
复活节，不复活的是我的母亲
一个江南小女孩变成的母亲
清明节，母亲在喊我，在圆通寺

喊我，在海峡这边
喊我，在海峡那边，
喊，在江南，在江南
　　多寺的江南，多亭的
　　江南，多风筝的
　　江南啊，钟声里
　　的江南
（站在基隆港，想——
想回也回不去的）
　　多燕子的江南

　　　　　　　一九六二年四月二十九日午夜

### 阅读导引

故乡情结、爱国情怀是本诗的灵魂。作者的青少年时代浸润在江南水乡的秀丽景色、风土人情及悠久历史文化之中。移居台湾后，他对故乡的思念日积月累，最终凝聚成字字含情的诗句，迸发出来。余光中自称"江南人"正是因为难以割舍祖国的山河和历史。"江南"这个符号的生命根植于中国传统文化。

诗中写到了江南多湖，湖中多莲、多菱，记起了表妹们陪着作者在多柳的堤边，在多莲多菱的湖中漂游，却隐隐地显出作者淡淡的遗憾和忧伤：就是现在再见，也不会像从前那样了。最后一部分写到了作者的母亲，在记忆里的江南喊着作者，这个母亲又隐含了祖国的含义，升华主题，流露作者淡淡的哀愁，却又在这淡淡之中隐含了强烈的思乡之情。

本诗的中心意象是"江南"，作者在这一中心意象前加了许多修饰语，作者为什么要加这么多修饰语？它们表现了江南的什么特点？诗人在结尾处说"喊我，在海峡这边　喊我，在海峡那边"，而"我"只能"站在基隆港，想——想回也回不去的多燕子的江南"，这种感情作者在《乡愁》中也曾抒发过，是哪一句？尝试比较这两首诗的异同点。

# 第五单元
# 事事关心

　　古往今来，人们始终在追寻读书求学、为人处世、家国责任的道路上。几千年前的古人尚且明白既要努力读书，也要关心家国大事的道理，这对今天的我们也是有教育意义的。本单元所选的文章，或关注读书、艺术创造，或谈论选择职业时的考虑，阅读这类文章可以让我们的心灵如同沐浴着雨露，自觉地追求道德修养的最高境界。

　　阅读本单元，要细致地梳理文章脉络，理清作者的观点，欣赏文章的用词及论证方法，体会辩证的思维，还要学会联系实际独立思考、质疑探究。

# 传统文化与文化传统(节选)

经过了一个多世纪的代价巨大的社会实验,中国人终于懂得了一个真理:为了走向未来,需要的不是同过去的一切彻底决裂,将过去彻底砸烂,而是应该妥善地利用过去,在过去这块既定的地基上构筑未来大厦。如果只愿在白纸上描绘未来,那么,所走向的绝不会是真正的未来,而只能是过去的某些糟糕的角落。

这里所要讨论的"过去",主要指的是传统,即那个在历史中形成的,铸造了过去,诞生了现在,孕育着未来的民族精神及其表现。

一个民族的传统无疑与其文化密不可分。离开了文化,无从寻觅和捉摸什么传统;没有传统,也不成其为民族文化。我们常常看到"文化传统""传统文化"的说法,这些概念,往往交叉使用,内容含糊。弄清这两个概念,很有必要,因为文化传统与传统文化并不一样,两者差别之大,几乎可以跟蜜蜂和蜂蜜的差别相媲美。

## 传统文化

传统文化的全称大概是传统的文化(Traditional culture),落脚在文化,是对应于当代文化和外来文化而言的。其内容当为历代存在过的种种物质的、制度的和精神的文化实体和文化意识。例如民族服饰、生活习俗、古典诗文、忠孝观念之类,也就是通常所说的文化遗产。

传统文化产生于过去,带有过去时代的烙印;传统文化创成于本民族祖先,带有自己民族的色彩。文化的时代性和民族性,在传统文化身上表现得最为鲜明。

传统文化中的各个成分,在其发生的时候,是应运而生的,在历史上起过积极作用。及至时过境迁,它们或者与时俱进,演化出新的内容与形式;或者抱残守缺,化为明日黄花。也有的播迁他邦,重振雄风;也有的昙花一现,未老而先亡。但是,不管它们内容的深浅,作用的大小,时间的久暂,空间的广狭,只要它们存在过,它们便都是传统文化。

凡是存在过的,都曾经是合理的。凡是存在过的,都有其影响;问题在于影响的

---

本文作者庞朴,选入时有删改。

大小。因此，对后人来说，就有一个对传统文化进行分析批判的任务，明辨其时代风貌，确认其历史地位，接受或拒绝其余风遗响。在我国，所谓的发掘抢救、批判继承、古为今用等等办法和方针，都是针对传统文化而言的；所有的吃人的礼教、东方的智慧等等贬褒不一的议论，也多是围绕着传统文化而发的。

## 文化传统

文化传统的全称大概是文化的传统（Cultural tradition），落脚在传统。

文化传统与传统文化不同，它不具备有形的实体，不可捉摸，仿佛无所在；但它却无所不在，既存在于一切传统文化之中，也存在于一切现实文化之中，还在你我的灵魂之中。

文化传统是不死的民族魂。它产生于民族的历代生活，成长于民族的重复实践，形成为民族的集体意识和集体无意识。简单说来，文化传统就是民族精神。

一个民族有一个民族的共同生活、共同语言，从而也就有它们共同的意识和无意识，或者叫共同心理状态。民族的每个成员，正是在这种共同生活中诞生、成长，通过民族共同语言来认识世界、体验生活、形成意识、表达愿望的。生活对于他们就是一片园地，语言对于他们便是一种工具，大凡在这种生活里不存在的现象和愿望，由这种生活导不出的方式和方法，为这种语言未曾表达过的意念，用这种语言无法道出来的思想，自然不会形成为这一民族的共同心理；即使有时这个民族的某个或某些成员会酿出某些独特的心理，也往往由于禁忌、孤立等社会力量的威慑，不是迅速销声匿迹，便是陷于孤芳自赏，而很难挤进民族的共同圈子里去，除非有了变化着的共同生活做后盾。唯有那些为这一民族生活所孕育、所熟悉、所崇尚的心理，才能时刻得到鼓励和提倡，包括社会的推崇和个人的向往，其道大行，成为巨大的精神财富和物质力量。这样，日积月累，暑往寒来，文化传统于是乎形成。

一般说来，文化传统是一种惰性力量。它制约着人们的思维方法，支配着人们的行为习俗，控制着人们的情感抒发，左右着人们的审美趣味，规定着人们的价值取向，悬置着人们的终极关怀（灵魂归宿）。个人的意志自由，在这里没有多少绝对意义，它超越不出文化传统。但也正因如此，文化传统便成了一种无声的指令，凝聚的力量，集团的象征。没有文化传统，我们很难想象一个民族如何能存在，一个社会如何能稳定，一个国家如何能巩固。

当然，这并非说文化传统是不变的。因为随着时间的变化，传统中某些成分会变得无处可用而逐渐淡化以至衰亡；生活中某些新的因素会慢慢积淀，并经过筛选、整合而成为传统的新成分。但是必须注意，文化传统的变化无论如何总是缓慢的、渐进的，不会一蹴而就，即使在社会急剧变幻的革命时期也是如此。

当然，这也并非说文化传统不会接受外部世界的影响而变化自己的内容。不同民族不同文化只要存在，便可能有接触；只要有接触，便有交流；只要有交流，便有变化。但是，从接触到交流到变化，中间有着一系列复杂的过程。大体说来，两种不同文化（带着自己的文化传统）由于婚姻、交通、贸易、侵略、扩张等原因相接触而互播时，起先往往互相惊奇，彼此观望；而后则互相攻讦，彼此拒斥；最后乃互相学习，彼此交流。而学习所取、交流所得，仍需经过自己文化传统这个"有机体"的咀嚼、消化和吸收，或者叫作整合，才会成为传统的一个新成分，带来传统的变化。这时候，反观其与原型的同异，虽然未必面目全非，却让人觉得很陌生。这是历史和现实所反复证明了的。

## 财富和包袱

设想一下，如果某个民族没有自己的传统文化和文化传统，每一天都在从头开始去练习生存本领，那情景是不堪设想的。因此，称传统文化为祖宗的丰富遗产，说文化传统是我们的宝贵财富，是不为过分的。

但是不能忘记，传统是一种惰性的力量，保守的因素，它具有钳制思想、束缚行动的本性，常常造成原地踏步的局面，也会引出某种不堪设想和不忍设想的后果。因此，说传统是民族沉重的负荷，社会前进的包袱，也是不为过分的。

既是财富，又是包袱。辩证地了解和掌握传统的这两重属性，运用它而不被其吞没，防止它而不拒之于千里之外，是一种艺术，是人类发挥其主观能动作用的重要表现和广阔场所。

能理解这一点和做到这一点，看来并非易事。我们容易看到的，常常是与之相左的情况。比如说，一种人以为传统像服装，服装以入时为美，而去追求时髦。这时，具有惰性的传统，只会被斥为阻碍趋时的包袱。另一种人以为传统像文物，文物唯古是尚，应该保护其斑驳陆离的面貌，切忌刮垢磨光。这时，传统所不幸具有的惰性，倒又成了他们心目中的财富。

传统的确是财富，但财富不在它的惰性；传统也的确是包袱，但包袱也不因它的非时装。传统不是可以随气温而穿脱的外衣，甚至也不是可以因发育而定期蜕除的角质表皮。传统是内在物，是人体本身；精确点说，是人群共同体的品格和精神。它无法随手扔掉，难以彻底决裂。

但是传统也不是神赐的，天生的，它原是人们共同生活的产物，必定也会随共同生活的变化而更新。谁要想拉住传统前进的脚步，阻挡传统变化的趋势，纵或得逞于一时，终将徒劳无功，而且往往要激起逆反心理，促成精神危机。这是有史可稽的。

> **阅读导引**

　　文章阐释了传统的内涵、本质意义，分析了传统文化与文化传统的区别和联系，提出了文化传统的两重属性，指出了应该如何正确对待传统，揭示出文明的对话的作用。从表述方式的角度看，本文将分别解说和综合解说结合起来，富有辩证性。学习本文，我们不仅要完成文本研读，更要借鉴文章的写作技巧，也要以此培养自己的思辨能力。

　　作者认为应该怎样处理时代发展与传统的关系？作者把"文化传统"与"传统文化"的差别，说成可以"跟蜜蜂和蜂蜜的差别相媲美"，这里采用了什么手法？有何作用？该如何理解？如何理解传统既是财富也是包袱？文章论述这个问题的目的是什么？

# 千篇一律与千变万化
## ——音乐、绘画、建筑之间的通感

　　在艺术创作中，往往有一个重复和变化的问题。只有重复而无变化，作品就必然单调枯燥；只有变化而无重复，就容易陷于散漫零乱。在有"持续性"的作品中，这一问题特别重要。我所谓"持续性"，有些是时间的持续；有些是空间转移的持续，但是由于作品或者观赏者由一个空间逐步转入另一空间，所以同时也具有时间的持续性，成为时间、空间的综合的持续。

　　音乐就是一种时间持续的艺术创作。我们往往可以听到在一首歌曲或乐曲从头到尾持续的过程中，总有一些重复的乐句、乐段——或者完全相同，或者略有变化。作者通过这些重复而取得整首乐曲的统一性。

　　音乐中的主题和变奏也是在时间持续的过程中，通过重复和变化而取得统一的另一例子。在舒伯特的《鳟鱼》五重奏中，我们可以听到持续贯串全曲的、极其朴素明朗

---

本文作者梁思成，选入时有删改。

的"鳟鱼"主题和它的层出不穷的变奏。但是这些变奏又"万变不离其宗"——主题。水波涓涓的伴奏也不断地重复着，使你形象地看到几条鳟鱼在这片伴奏的"水"里悠然自得地游来游去嬉戏，从而使你"知鱼之乐"焉。

舞台上的艺术大多是时间与空间的综合持续。几乎所有的舞蹈都要将同一动作重复若干次，并且往往将动作的重复和音乐的重复结合起来，但在重复之中又给以相应的变化；通过这种重复与变化以突出某一种效果，表达出某一种思想感情。

在绘画的艺术处理上，有时也可以看到这一点。

宋朝画家张择端的《清明上河图》是我们熟悉的名画。它的手卷的形式赋予它以空间、时间都很长的"持续性"。画家利用树木、船只、房屋，特别是那无尽的瓦垄的一些共同特征、重复排列，以取得几条街道（亦即画面）的统一性。当然，在重复之中同时还闪烁着无穷的变化。不同阶段的重点也螺旋式地变换着在画面上的位置，步步引人入胜。画家在你还未意识到以前，就已经成功地以各式各样的重复把你的感受的方向控制住了。

宋朝名画家李公麟在他的《放牧图》中对于重复性的运用就更加突出了。整幅手卷就是无数匹马的重复，就像一首乐曲，用"骑"和"马"分成几个"主题"和"变奏"的"乐章"，表示原野上低伏缓和的山坡的寥寥几笔线条和疏疏落落的几棵孤单的树就是它的"伴奏"。这种"伴奏"（背景）与主题间简繁的强烈对比也是画家惨淡经营的匠心所在。

上面所谈的那种重复与变化的统一在建筑物形象的艺术效果上起着极其重要的作用。古今中外的无数建筑，除去极少数例外，几乎都以重复运用各种构件或其他构成部分作为取得艺术效果的重要手段之一。就举首都人民大会堂为例。它的艺术效果中一个最突出的因素就是那几十根柱子。虽然在不同的部位上，这一列柱和另一列柱在高低大小上略有不同，但每一根柱子都是另一根柱子的完全相同的简单重复。至于其他门、窗、檐、额等等，也都是一个个依样葫芦。这种重复却是给予这座建筑以统一性和雄伟气概的一个重要因素，是它的形象上最突出的特征之一。

历史中最杰出的一个例子是北京的明清故宫。从（已被拆除了的）中华门（大明门、大清门）开始就以一间接着一间，重复了又重复的千步廊一口气排列到天安门。从天安门到端门、午门又是一间间重复着的"千篇一律"的朝房。再进去，太和门和太和殿、中和殿、保和殿成为一组"前三殿"与乾清门和乾清宫、交泰殿、坤宁宫成为一组的"后三殿"的大同小异的重复，就更像乐曲中的主题和"变奏"；每一座的本身也是许多构件和构成部分（乐句、乐段）的重复；而东西两侧的廊、庑、楼、门，又是比较低微的，以重复为主但亦有相当变化的"伴奏"。然而整个故宫，它的每一个组群，每一个殿、阁、廊、门却全部都是按照明清两朝工部的"工程做法"的统一规格、统一形式建造的，连彩画、雕饰也尽如此，都是无尽的重复。我们完全可以说它们"千篇一律"。

但是，谁能不感到，从天安门一步步走进去，就如同置身于一幅大"手卷"里漫步；在时间持续的同时，空间也连续着"流动"。那些殿堂、楼门、廊庑虽然制作方法千篇一律，然而每走几步，前瞻后顾、左睇右盼，那整个景色、轮廓、光影，却都在不断地改变着，一个接着一个新的画面出现在周围，千变万化。空间与时间，重复与变化的辩证统一在北京故宫中达到了最高的成就。

颐和园里的谐趣园，绕池环览整整360度周圈，也可以看到这点。

至于颐和园的长廊，可谓千篇一律之尤者也。然而正是那目之所及的无尽的重复，才给游人以那种只有它才能给人的特殊感受。大胆来个荒谬绝伦的设想：那八百米长廊的几百根柱子，几百根梁枋，一根方，一根圆，一根八角，一根六角……；一根肥，一根瘦，一根曲，一根直……；一根木，一根石，一根铜，一根钢筋混凝土……；一根红，一根绿，一根黄，一根蓝……；一根素净无饰，一根高浮盘龙，一根浅雕卷草，一根彩绘团花……这样"千变万化"地排列过去，那长廊将成何景象！

有人会问：那么走到长廊以前，乐寿堂临湖回廊墙上的花窗不是各具一格，千变万化的吗？是的。就回廊整体来说，这正是一个"大同小异"，大统一中的小变化的问题。既得花窗"小异"之谐趣，又无伤回廊"大同"之统一。且先以这些花窗的小小变化，作为廊柱无尽重复的"前奏"，也是一种"欲扬先抑"的手法。

翻开一部世界建筑史，凡是较优秀的个体建筑或者组群，一条街道或者一个广场，往往都以建筑物形象重复与变化的统一而取胜。说是千篇一律，却又千变万化。每一条街都是一轴"手卷"、一首"乐曲"。千篇一律和千变万化的统一在城市面貌上起着重要作用。

十二年来，在全国各城市的建筑中，我们规划设计人员在这一点上做得还不能尽如人意。为了多快好省，我们做了大量标准设计，但是"好"中自应包括艺术的一面，也就是"百花齐放"。我们有些住宅区的标准设计"千篇一律"到孩子哭着找不到家；有些街道又一幢房子一个样式、一个风格，互不和谐；即使它们本身各自都很美观，放在一起就都"损人"且不"利己"，"千变万化"到令人眼花缭乱。我们既要百花齐放，丰富多彩，又要避免杂乱无章，相互减色；既要和谐统一，全局完整，又要避免千篇一律，单调枯燥。这恼人的矛盾是建筑师们应该认真琢磨的问题。

▶▶ 阅读导引 ▶▶

  本文是一篇科技论文，内容重在谈建筑设计，主要写了音乐、绘画、建筑这三种艺术所应具备的共同特点，即千篇一律和千变万化的和谐统一。本文语言雅致而又明白晓畅，内容并不深奥，比较贴近学生的审美层次。文章很讲究章法，正面论证以音乐作品、舞台艺术、绘画艺术为例，介绍了其时间持续性和空间持续性的重要性，进而说明，艺术作品中千篇一律与千变万化和谐统一的重要性；并以人民大会堂、故宫等为例，说明重复和变化在建筑物艺术效果的表达上也极其重要。而反面论证则联系现实，说明当二者未达到和谐统一时是眼花缭乱、毫无美感的。最后得出结论，并对现在的建筑师提出期望，希望他们在建筑的设计上能够做到千篇一律和千变万化的统一。

  在谈艺术创作中的重复和变化的时候，为什么要强调"持续性"？其含义是什么？其实语言艺术也要讲究"千篇一律与千变万化的统一"，诗词歌赋就不要说了，即如散文、议论文也要做到这样才能算是好文章，试结合本文加以分析。

# 书——知识的大厦

  当人们谈到书的时候，我们中国是可以自豪的。因为，中国是书籍的故乡。在世界上，是我们中国首先发明了纸和印刷术，使书获得了完美的形式，诞生了书，成为世界之书的伟大母亲，给人类创造了文明的摇篮，为世界文化作出了光芒永射的贡献。谈到书，世界是不能不想到中国，不能不感激中国的。

  那么，怎样理解书呢？

  书是知识的总库。众所周知，书并非是取得知识的唯一来源。

  知识的本源是人们的社会实践，它构成了人们的直接知识。书是不同人们在生产斗争、社会争斗中的实践总结，它构成了人们间接的知识。古希腊思想家亚里士多德

---

本文作者景克宁。

把知识分为三类：实践的知识、理论的知识、鉴别的知识，这是有道理的。实践产生初知，上升为理论，再回到生活，进行鉴别，获得真知。人受时间限制，不能事事亲知，大量的是从书籍中获得的间接知识，然后在实践中去鉴别。司马迁治《史记》是"行万里路，读万卷书"。前者实践，后者理论，获得全知。足见，行与知，实践与读书相结合，是求知成才完善的途径，这便是知识与书的关系。

而知识如海，浩瀚难测；众书成山，巍然难攀，怎样掌握它的规律和系统？

毛主席有一个科学的知识解说，他把知识分为两大类：一类是生产斗争的知识，一类是阶级斗争的知识（可以把它理解为社会斗争的知识）。生产斗争知识的系统化，便是自然科学的书籍。阶级斗争知识的系统化，便是社会科学的书籍。哲学则是自然科学和社会科学认识论与方法论的概括体系。

这两类知识，涵盖天地、包罗万象的知识，都记载在不同的书中。所以，书是知识的金字塔、知识的大厦、知识的王国。中国有句古话："秀才不出门，能知天下事。"这句话不无道理。秀才之所以能知天下大事，就在于他手中有书。同样，自学之所以成才，首先也在于有书。张海迪就是自学成才的光辉范例。所以，我说书籍就是时代真正的大学。

不是吗？当我们打开书的时候，就好像打开了世界的大门、历史的通道，广大的世界缩小了，漫长的历史缩短了。天上人间尽收眼底，五湖四海就在脚下，中外古今醒然可观，让你游历世界，认识社会，理解历史兴亡衰替、沉浮演变的规律。从而，可以给你提供改造世界、创造社会、促进历史发展的批判的武器。

不是吗？当我们打开书的时候，便有可能揭开自然的帷幕，既可以一览宏观世界，也可以洞察微观世界，时空无限的宇宙、天体演变的奥秘、地球结构的奇景、物质无穷的层次；既可以宏观到太阳的光芒，也可以微观到太阳的黑子，使你从理论的精义、科学的智能中直观人类，深切地感受到人为什么是宇宙的精华，万物的灵长。

不是吗？当我们打开书的时候，有可能进入数学的永恒的世界，探索"哥德巴赫猜想"，摘取数学王冠上的明珠；有可能进入化学的奇妙世界，探索物质的分解与化合，寻求生命繁衍的答案；有可能进入物理的复杂世界，沿着牛顿、爱因斯坦等科学巨人的足迹，揭开物理学上司芬克斯之谜，从必然的王国向自由的王国飞跃。

不是吗？当我们打开书的时候，我们可以和人间最优秀的人物结伴，置身于历代伟人巨匠之间，聆听智慧的告诫，如闻其声，如观其行，如见其人，让我们懂得什么是真、善、美，什么是假、恶、丑，什么是青春、爱情、友谊，什么是理想、信念，什么是生活的真谛、人的价值，什么是应该选择的道路。

不是吗？当我们打开书的时候，我们会看到社会的光明面，也会看到社会的阴暗面；会看到各种人的命运，他们的喜、怒、哀、乐、悲、欢、离、合；倾听他们的呼声，观赏人间的悲剧、喜剧、正剧；给人启迪、思考、感染、憧憬，陶冶情操，净化心灵，提高精神境界；认识必须拥护什么，反对什么，拒绝什么，追求什么。

所以，书就是千里眼、顺风耳、望远镜、显微镜；书就是科学的总结、智慧的源泉、生活的指南，给人以开启百科知识的万能钥匙，提供了认识客观世界和主观世界的途径和方法。恩格斯曾赞美人说：人类是地球思维的花朵。我认为人类思维的花朵就开放在不朽的书里。思维之花是知识之花，怎么能不开放在书里呢？

◀◀ 阅读导引 ▶▶

景克宁先生一生与书结伴而行，生活中不能一日无书。他说，书是一个最有耐心、最令人愉快的良伴，它绝不会在患难时背弃你，它对你永远是那样亲切。本篇文章就是围绕这一主题的众多演说辞中的一篇。作者从书与知识的关系入手，说明行与知、实践与读书相结合，是求知、成才的途径。然后通过对自然科学知识和社会科学知识的解析，说明包罗万象的知识都记载在书中，进而引出了本文的中心论点。

作者是从哪几个方面阐述书是"知识的大厦"的？为什么当人们提到书的时候，我们中国是可以自豪的？结合实际谈谈对"书籍就是时代真正的大学"这句话的理解。

# 青年在选择职业时的考虑（节选）

我们应当认真考虑：所选择的职业是不是真正使我们受到鼓舞？我们的内心是不是同意？我们受到的鼓舞是不是一种迷误？我们认为是神的召唤的东西是不是一种自欺？但是，不找出鼓舞的来源本身，我们怎么能认清这些呢？

伟大的东西是光辉的，光辉则引起虚荣心，而虚荣心容易给人以鼓舞或者一种我

---

本文作者［德］马克思。

们觉得是鼓舞的东西；但是，被名利弄得鬼迷心窍的人，理智已无法支配他，于是他一头栽进那不可抗拒的欲念驱使他去的地方：他已经不再自己选择他在社会上的地位，而听任偶然机会和幻想去决定它。

我们的使命绝不是求得一个最足以炫耀的职业，因为它不是那种使我们长期从事而始终不会感到厌倦、始终不会松劲、始终不会情绪低落的职业；相反，我们很快就会觉得，我们的愿望没有得到满足，我们理想没有实现，我们就将怨天尤人。

但是，不只是虚荣心能够引起对这种或那种职业突然的热情，也许，我们也会用幻想把这种职业美化，把它美化成人生所能提供的至高无上的东西。我们没有仔细分析它，没有衡量它的全部分量，即它让我们承担的重大责任；我们只是从远处观察它，而从远处观察是靠不住的。

在这里，我们自己的理智不能给我们充当顾问，因为它既不是依靠经验，也不是依靠深入的观察，而是被感情欺骗，受幻想蒙蔽。然而，我们的目光应该投向哪里呢？在我们丧失理智的地方，谁来支持我们呢？

是我们的父母，他们走过了漫长的生活道路，饱尝了人世辛酸。——我们的心这样提醒我们。

如果我们通过冷静的研究，认清了所选择的职业的全部分量，了解它的困难以后，我们仍然对它充满热情，我们仍然爱它，觉得自己适合它，那时我们就应该选择它，那时我们既不会受热情的欺骗，也不会仓促从事。

但是，我们并不总是能够选择我们自认为适合的职业；我们在社会上的关系，还在我们有能力对它们起决定性影响以前就已经在某种程度上开始确立了。

我们的体质常常威胁我们，可是任何人也不敢貌视它的权利。

诚然，我们能够超越体质的限制，但这么一来，我们也就垮得更快；在这种情况下，我们就是冒险把大厦建筑在松软的废墟上，我们的一生也就变成一场精神原则和肉体原则之间的不幸的斗争。但是，一个不能克服自身相互斗争的因素的人，又怎能抗拒生活的猛烈冲击，怎能安静地从事活动呢？然而只有从安静中才能产生出伟大壮丽的事业，安静是唯一能生长出成熟果实的土壤。

尽管我们由于体质不适合我们的职业，不能持久地工作，而且工作起来也很少有乐趣，但是，为了恪尽职守而牺牲自己幸福的思想激励着我们不顾体弱去努力工作。如果我们选择了力不胜任的职业，那么我们决不能把它做好，我们很快就会自愧无能，并对自己说，我们是无用的人，是不能完成自己使命的社会成员。由此产生的必然结果就是妄自菲薄。还有比这更痛苦的感情吗？还有比这更难于靠外界的赐予来补偿的感情吗？妄自菲薄是一条毒蛇，它永远啃噬着我们的心灵，吮吸着其中滋润生命的血液，注入厌世和绝望的毒液。

如果我们错误地估计了自己的能力，以为能够胜任经过周密考虑而选定的职业，那么这种错误将使我们受到惩罚。即使不受到外界指责，我们也会感到比外界指责更为可怕的痛苦。

如果我们把这一切都考虑过了，如果我们生活的条件容许我们选择任何一种职业，那么我们就可以选择一种使我们最有尊严的职业；选择一种建立在我们深信其正确的思想上的职业；选择一种能给我们提供广阔场所来为人类进行活动、接近共同目标（对于这个共同目标来说，一切职业只不过是手段）即完美境地的职业。

尊严就是最能使人高尚起来、使他的活动和他的一切努力具有崇高品质的东西，就是使他无可非议、受到众人钦佩并高出众人之上的东西。

但是，能给人以尊严的只有这样的职业：在从事这种职业时我们不是奴隶般的工具，而是在自己的领域内独立地进行创造；这种职业不需要有不体面的行动（哪怕只是表面上不体面的行动），甚至最优秀的人物也会怀着崇高的自豪感去从事它。最合乎这些要求的职业，并不一定是最高的职业，但总是最可取的职业。

但是，正如有失尊严的职业会贬低我们一样，那种建立在我们后来认为是错误的思想上的职业也一定使我们感到压抑。

这里，我们除了自我欺骗，别无解救办法，而以自我欺骗来解救又是多么糟糕！

那些主要不是干预生活本身，而是从事抽象真理的研究的职业，对于还没有坚定的原则和牢固的、不可动摇的信念的青年是最危险的。同时，如果这些职业在我们心里深深地扎下了根，如果我们能够为它们的支配思想牺牲生命、竭尽全力，这些职业看来似乎还是最高尚的。

这些职业能够使才能合适的人幸福，但也必定使那些不经考虑、凭一时冲动就仓促从事的人毁灭。

相反，重视作为我们职业的基础的思想，会使我们在社会上占有较高的地位，提高我们本身的尊严，使我们的行为不可动摇。

一个选择了自己所珍视的职业的人，一想到他可能不称职时就会战战兢兢——这种人单是因为他在社会上所居地位是高尚的，他也就会使自己的行为保持高尚。

在选择职业时，我们应该遵循的主要指针是人类的幸福和我们自身的完美。不应认为，这两种利益是敌对的、互相冲突的，一种利益必定消灭另一种的；人类的天性本来就是这样的：人们只有为同时代人的完美、为他们的幸福而工作，才能使自己达到完美。

如果一个人只为自己劳动,他也许能够成为著名学者、大哲人、卓越诗人,然而他永远不能成为完美无瑕的伟大人物。

历史承认那些为共同目标劳动因而自己变得高尚的人是伟大人物;经验赞美那些为大多数人带来幸福的人是最幸福的人;宗教本身也教诲我们,人人敬仰的理想人物,就曾为人类牺牲了自己——有谁敢否定这类教诲呢?

如果我们选择了最能为人类福利而劳动的职业,那么,重担就不能把我们压倒,因为这是为大家而献身。那时我们所感到的就不是可怜的、有限的、自私的乐趣,我们的幸福将属于千百万人。我们的事业将默默地、但是永恒发挥作用地存在下去,而面对我们的骨灰,高尚的人们将洒下热泪。

### 阅读导引

本文是马克思中学毕业考试时写的文章,以优美的文笔、深刻的语言、缜密的思考和严格的推理,对"青年如何选择职业"作了精辟论述。虽然时隔一个多世纪,但文中所表达的观点和一些哲理性的语句,对我们将来的职业选择仍有启发。

阅读完本文,请归纳青年在选择职业时应遵循的原则。作者提出要选择一种使我们最有尊严的职业。那么,这种尊严与前面提出的虚荣心有何不同呢?

# 窗

又是春天,窗子可以常开了。春天从窗外进来,人在屋子里坐不住,就从门里出去。不过屋子外的春天太贱了!到处是阳光,不像射破屋里阴深的那样明亮;到处是给太阳晒得懒洋洋的风,不像搅动屋里沉闷的那样有生气。就是鸟语,也似乎琐碎而单薄,需要屋里的寂静来做衬托。我们因此明白,春天是该镶嵌在窗子里看的,好比画配了框子。

---

本文作者钱锺书,选入时有删改。

同时，我们悟到，门和窗有不同的意义。当然，门是造了让人出进的。但是，窗子有时也可作为进出口用，譬如小偷或小说里私约的情人就喜欢爬窗子，所以窗子和门的根本分别，决不仅是有没有人进来出去。若据赏春一事来看，我们不妨这样说，有了门，我们可以出去；有了窗，我们可以不必出去。窗子打通了大自然和人的隔膜，把风和太阳逗引进来，使屋子里也关着一部分春天，让我们安坐了享受，无需再到外面去找。古代诗人像陶渊明对于窗子的这种精神，颇有会心。《归去来辞》有两句道："倚南窗以寄傲，审容膝之易安。"不等于说，只要有窗可以凭眺，就是小屋子也住得么？他又说："夏月虚闲，高卧北窗之下，清风飒至，自谓羲皇上人。"意思是只要窗子透风，小屋子可成极乐世界，他虽然是柴桑人，就近有庐山，也用不着上去避暑。所以，门许我们追求，表示欲望；窗子许我们占领，表示享受。这个分别，不但是住在屋里的人的看法，有时也适用于屋外的来人。一个外来者，打门请进，有所要求，有所询问，他至多是个客人，一切要等主人来决定。反过来说，一个钻窗子进来的人，早已决心来替你做个暂时的主人，顾不到你的欢迎和拒绝了。你进前门，先要经门房通知，再要等主人出现，还得寒暄几句，方能说明来意，既费心思，又费时间，哪像从后窗进来的直捷痛快？好像学问的捷径，在乎书背后的引得，若从前面正文看起，反见得迂远了。这当然只是在社会常态下的分别，到了战争等变态时期，屋子本身就保不住，还讲什么门和窗！

世界上的屋子全有门，而不开窗的屋子我们还看得到。这指示出窗比门代表更高的人类进化阶段。门是住屋子者的需要，窗多少是一种奢侈，屋子的本意，只像鸟窠兽窟，准备人回来过夜的，把门关上，算是保护。但是墙上开了窗子，收入光明和空气，使我们白天不必到户外去，关了门也可生活。屋子在人生里因此增添了意义，不只是避风雨、过夜的地方，并且有了陈设，挂着书画，是我们从早到晚思想、工作、娱乐、演出人生悲喜剧的场子。门是人的进出口，窗可以说是天的进出口。屋子本是人造了为躲避自然的胁害，而向四垛墙、一个屋顶里，窗引诱了一角天进来，驯服了它，给人利用，好比我们笼络野马，变为家畜一样。从此我们在屋子里就能和自然接触，不必去找光明，换空气，光明和空气会来找到我们。所以，人对于自然的胜利，窗也是一个。不过，这种胜利，有如女人对于男子的胜利，表面上看来好像是让步——人开了窗让风和日光进来占领，谁知道来占领这个地方的就给这个地方占领去了！我们刚说门是需要，需要是不由人做得主的。譬如饿了就要吃，渴了就得喝。所以，有人敲门，你总得去开，也许是易卜生所说比你下一代的青年想冲进来，也许像德昆西论谋杀后闻打门声所说，光天化日的世界想攻进黑暗罪恶的世界，也许是浪子回家，也许是有人借债（更许是讨债），你愈不知道，怕去开，你愈想知道究竟，愈要去开。甚至每天邮差敲门的声音，也使你起了带疑惧的希冀，因为你不知道而又愿知道他带来的是什么消息。门的开关是由不得你的。但是窗呢？你清早起来，只要把窗幕拉过一边，你就知道窗外有什么东西在招呼着你，是雪，是雾，是雨，还是好太阳，决定要不要开窗子。上面说过窗子算得奢侈品，奢侈品原是在人看情形斟酌增减的。

我常想，窗可以算房屋的眼睛。刘熙《释名》说："窗，聪也；于内窥外，为聪明也。"正如凯罗（Gottfried Keller）《晚歌》（Abendlied）起句所谓："双瞳如小窗（Fensterlein），佳景收历历。"同样地只说着一半。眼睛是灵魂的窗户，我们看见外界，同时也让人看到了我们的内心；眼睛往往跟着心在转，所以孟子认为相人莫良于眸子，梅特林克戏剧里的情人接吻时不闭眼，可以看见对方有多少吻要从心里上升到嘴边。我们跟戴黑眼镜的人谈话，总觉得捉摸不住他的用意，仿佛他以假面具相对，就是为此。据爱戈门（Eckermann）记1830年4月5日歌德的谈话，歌德恨一切戴眼镜的人，说他们看得清楚他脸上的皱纹，但是他给他们的玻璃片耀得眼花缭乱，看不出他们的心境。窗子许里面人看出去，同时也许外面人看进来，所以在热闹地方住的人要用窗帘子，替他们私生活做个保障。晚上访人，只要看窗里有无灯光，就约略可以猜到主人在不在家，不必打开门再问，好比不等人开口，从眼睛里看出他的心思。关窗的作用等于闭眼。天地间有许多景象是要闭了眼才看得见的，譬如梦。假使窗外的人声物态太嘈杂了，关了窗好让灵魂自由地去探胜，安静地默想。有时，关窗和闭眼也有连带关系，你觉得窗外的世界不过尔尔，并不能给予你什么满足，你想回到故乡，你要看见跟你分离的亲友，你只有睡觉，闭了眼向梦里寻去，于是你起来先关了窗。因为只是春天，还留着残冷，窗子也不能整天整夜不关的。

### 阅读导引

文章说理意趣盎然，以门和窗为话题，通过门、窗对比，由浅入深地阐释了窗的象征意义，强调了窗的重要性。先引出话题"春天是该镶嵌在窗子里看的"，接着论证"门许我们追求，表示欲望；窗子许我们占领，表示享受""门是一种需要，因为门带给人许多疑惧的希冀""开门关门由不得人做主"；又因为"窗多少是一种奢侈，所以开窗关窗是要看情形斟酌增减的"。以门衬窗，烘托对比加以阐释。结尾深化，由窗是屋子的眼睛，联想到眼睛是心灵的窗户，层层推进——"窗子许我们看出去，也许别人看进来"，因此就有窗帘，就有关窗和闭眼，因为有很多景象睁着眼和开着窗子是看不到的，需要静谧，需要做梦。文中的门窗有深刻的寓意，门其实是一种象征，是人类怀揣欲望和追求的象征，开窗则象征着心灵的绽放、接纳，关窗则象征心灵的独立、宁静和自由。

开头和结尾，都写到了春天和窗的关系，这样写有什么作用？文章通篇充满了情趣和理趣，请你找找相关句子体味情趣，探究理趣。

# 论　握　手

论及握手，便会想到随处可见的两种失态：一是无论亲疏，不分场合，见手即握，一脸殷勤，笑容可掬，让人觉得他们仿佛是天下最密不可分的挚友。若你的手有幸也被握及，对方照样一副受宠若惊的模样，虽然你与他不过是点头之交或初次相遇。其他接受过握手的荣幸者（握手者肯定已忘了其尊姓大名）抬眼相看，见握手者与他人交会时的热情，较之先前丝毫无减。一声"幸会"，诚意欣然，似为肺腑之言，好像对方是刚自遥远沙漠归来的老友。而事实上，他不过是萍水相逢之人。

其二是在某些社交场合，一些人唯诺谦卑，手欲伸欲缩，游移不定，好像是手指发炎溃烂，羞于现丑。遇到这种谨言慎行之人，你只好打破一般的礼仪，与其握手加倍热情。因为别人将你们双方作了礼貌的介绍，而且接下来，你还得同这个场合的其他人一一握手，所以，哪怕仅是出于礼貌，你也应当同他有一番热情相握。可他的手却欲伸还缩，像是怕你对他施行恶作剧。你不得不伸手拉住他，但握手的动作仅出自于你自己。对方的手不知为何只有矜持，甚至显得忧郁。手既已握住，那无论尴尬也好，拙笨也好，都只有机械地履行完这个过程。这情形颇似挽着一位陌生的淑女就座。握手时是否要摇动一番，何时宜与对方松开，均颇费思量。执手相摇易被疑为对人施暴，松手时机不当难免又讨回些尴尬。接下来的聚会中，你对自己是否因握手而见嫌于对

---

本文作者［英］亨特，译者樊哲学。

方始终把握不定。到分手时你才发现,他的言行举止与其他与之握过手的人,同样格格不入。

在我看来,以上两种窘状其实都可避免。但若非要在两者中择其一,我倒更倾向于与人热情握手。诚然,握手时的热情并非全然出自真诚,但它至少创造了和睦的气氛。倘若要将真诚与和睦区分得泾渭分明(这种区分并非明智),那么,和睦总还是胜于引人不快的真情(如因厌恶某人而拒绝与之握手)。同时,要辨清某人的举止是否出于真诚,远比同人友善相处困难得多。况且就待人接物而言,热情友善应当被奉为至理。肯定这一点,便算悟出了令人愉快的处世立身之道。无论接人待物,还是修身养性,择此即为上策,也最符合生活逻辑。不善与人握手常被视作稳重谨慎,可是,事实并非如此,除非那种稳重是源于傲气。对不愿握手的最合理的解释,是缺乏殷勤灵动。细究起来,它仍源于傲气。生硬刻板本身,就意味着某人的傲慢或对他人缺乏信任。

我曾有幸晤见过两位胸襟宽厚的先生。二人自视清高,姿态傲岸,视己手若金玉。两人虽乐观自信,谈笑风生,但却极少与人握手,即使与人相握亦冷淡无味。人们为了表示对他们这种姿态的不满,有人欲对其中一位施计,用鱼肉敷手与其相握,但终因缺乏勇气而未施行。许是此君对这件事有所风闻,自此之后,他与人相见时的姿态幡然改变,握手频频,热情亲切。但他的那位同伴虽热心与政治家们为伍,但其举止丝毫未改。眼见同仁的变迁,他颇不以为然又为其所激,姿态更是冷傲,行路为人我行我素,旁若无人,但因此倒也显堂堂正正,免去许多非议妄言。

### 阅读导引

开篇从生活细节切入,提出论题,论述了生活中两种握手的失态及具体表现:一是热情握手"无论亲疏,不分场合,见手即握",一是唯诺谦卑地握手,"手欲伸欲缩,游移不定",再提出自己的观点:两种窘态都可避免,但若要选择其中一种,则倾向于与人热情握手。接着阐述理由"热情友善应当被奉为至理",分析握手的必要性和不愿握手的根源,最后列举两类人对待握手的变化及其心态加以对比论证。文章层次清晰,结构严谨,以握手得出了与人的相处之道,关联词使用严谨准确,成语及四字短语幽默形象,充满理趣,又通过举例论证和对比论证,增强了文章的说服力。

文中议论了两种握手情形,在实际生活中,说说哪一种情形出现比较多?试详细解读最后一段那两位先生握手的变化及其心态。

# 第六单元
# 浩然正气

在古代文人的笔下,一草一木俱含情,一叶一花皆有意。文化的血脉,因千古诗文而绵延不断。今天,我们学习经典文言诗文,就是和先贤对话,传承古老东方的智慧与思想,"仰不愧于天,俯不怍于人",在英雄豪杰辈出的古老土地上,直道而行,以浩然之气立于天地之间。

在本单元,我们将通过反复诵读诗文,借助相关注释,以及了解作者的主要生平经历感受人物的思想和情感。同时,探究行文思路,品味隽永的语句,理解中国人的文化心态,提高自己的文化修养。在阅读的时候,也需要关注语言现象和文化常识的积累。对主要的作家作品能初步梳理总结其文学风格和思想流派,提升审美素养。

# 我善养吾浩然之气①

（公孙丑）"敢问夫子恶乎长？"

曰："我知言，我善养吾浩然②之气。"

"敢问何谓浩然之气？"

曰："难言也。其为气也，至大至刚，以直养而无害，则塞于天地之间。其为气也，配义与道；无是，馁也。是集义所生者，非义袭而取之也。行有不慊③于心，则馁矣。我故曰，告子未尝知义，以其外之也。必有事焉，而勿正④；心勿忘，勿助长也。无若宋人然。宋人有闵⑤其苗之不长而揠⑥之者，芒芒然⑦归，谓其人曰：'今日病⑧矣！予助苗长矣！'其子趋而往视之，苗则槁矣。天下之不助苗长者寡矣。以为无益而舍之者，不耘⑨苗者也；助之长者，揠苗者也——非徒无益，而又害之。"

【注释】

① 本文作者（战国）孟子。 ② 浩然：盛大而流动的样子。 ③ 慊：满足，畅快。 ④ 正：使正，扶正它。 ⑤ 闵：忧虑。 ⑥ 揠：拔。 ⑦ 芒芒然：疲惫的样子。 ⑧ 病：疲倦，劳累。 ⑨ 耘：除草。

## 阅读导引

生活在战国时代的孟子，继承和发展了孔子的思想，被称为"亚圣"。面对当时列国相争、兵革不休、生灵涂炭的局面，孟子强调道德修养的必要性，认为每个人都要用道德标准要求自身、追求较高的精神境界，这是停止战争、获得幸福的重要途径。"浩然之气"是孟子最富创造性的见解之一，它所代表的刚毅正大、勇担道义、自强不息的内涵，对中华民族精神产生了深远的影响。在阅读中要能从文中抓住原句明确"气""是集义所生者"，一定要有义和道的辅助配合，要在内心长期积累而不能靠外力刻意助长。为了说明这点，孟子用"宋人揠苗助长"的寓言故事，使读者理解其内涵。这也呈现出"孟子长于譬喻"的特点。

《孟子》属于先秦诸子散文发展到第二阶段的对话体论辩文，较之《论语》式的语录体散文有了很大的发展。孟子文章的重要特点就是气势充沛、雄辩滔滔，不通过反复朗读不能深解其味。也可以"今日病矣！予助苗长矣！"为例，通过尝试用不同的语气朗读，欣赏孟子寓言中平白如话，生动风趣的语言。

# 太史公自序①

太史公曰："先人②有言：'自周公卒五百岁而有孔子。孔子卒后至于今五百岁，有能绍明世，正《易传》，继《春秋》，本《诗》《书》《礼》《乐》之际？'"意在斯乎！意在斯乎！小子何敢让焉！

上大夫壶遂③曰："昔孔子何为而作《春秋》哉"？太史公曰："余闻董生④曰：'周道衰废，孔子为鲁司寇⑤，诸侯害之，大夫雍之。孔子知言之不用，道之不行也，是非二百四十二年之中，以为天下仪表，贬天子，退诸侯，讨大夫，以达王事而已矣。'子曰：'我欲载之空言，不如见之于行事之深切著明也。'夫《春秋》，上明三王之道，下辨人事之纪，别嫌疑，明是非，定犹豫，善善恶恶，贤贤贱不肖，存亡国，继绝世，补敝起废，王道之大者也。《易》著天地、阴阳、四时、五行，故长于变；《礼》经纪人伦，故长于行；《书》记先王之事，故长于政；《诗》记山川、溪谷、禽兽、草木、牝牡⑥、雌雄，故长于风；《乐》乐所以立，故长于和；《春秋》辨是非，故长于治人。是故《礼》以节人，《乐》以发和，《书》以道事，《诗》以达意，《易》以道化，《春秋》以道义。拨乱世反之正，莫近于《春秋》。《春秋》文成数万，其指⑦数千。万物之散聚皆在《春秋》。《春秋》之中，弑⑧君三十六，亡国五十二，诸侯奔走不得保其社稷⑨者不可胜数。察其所以，皆失其本已。故《易》曰：'失之毫厘，差以千里。'故曰：'臣弑君，子弑父，非一旦一夕之故也，其渐久矣。'故有国者⑩不可以不知《春秋》，前有谗而弗见，后有贼而不知。为人臣者不可以不知《春秋》，守经事⑪而不知其宜，遭变事而不知其权。为人君父而不通于《春秋》之义者，必蒙首恶之名。为人臣子而不通于《春秋》之义者，必陷篡弑之诛，死罪之名。其实皆以为善，为之不知其义，被之空言而不敢辞⑫。夫不通礼义之旨，至于君不君，臣不臣，父不父，子不子。君不君则犯⑬，臣不臣则诛，父不父则无道，子不子则不孝。此四行者，天下之大过也。以天下之大过予之，则受而弗敢辞。故《春秋》者，礼义之大宗也。夫礼禁未然之前，法施已然之后；法之所为用者易见，而礼之所为禁者难知。"

壶遂曰："孔子之时，上无明君，下不得任用，故作《春秋》，垂空文以断礼义，当一王之法。今夫子上遇明天子，下得守职，万事既具，咸各序其宜，夫子所论，欲以何明？"

太史公曰："唯唯，否否，不然⑭。余闻之先人曰：'伏羲至纯厚，作《易》《八卦》。尧舜之盛，《尚书》载之，礼乐作焉。汤武之隆，诗人歌之。《春秋》采善贬恶，推三代⑮之德，褒周室，非独刺讥而已也。'汉兴以来，至明天子，获符瑞⑯，建封禅，改正朔⑰，易服色⑱，受命于穆清⑲，泽流罔极，海外殊俗，重译款塞⑳，请来献见者，不可胜道。臣下百官，力诵圣德，犹不能宣尽其意。且士贤能而不用，有国者之耻；主上明圣而德不布闻，有司之过也。且余尝掌其官，废明圣盛德不载，灭功臣、世家、贤大夫之业不述，堕㉑先人所言，罪莫大焉。余所谓述故事，整齐㉒其世传，非所谓作也，而君比之于《春秋》，谬矣。"

于是论次其文㉓。七年而太史公遭李陵之祸，幽于缧绁㉔。乃喟然而叹曰："是余之罪也夫！是余之罪也夫！身毁不用矣！"退而深惟㉕曰："夫《诗》《书》隐约者，欲遂㉖其志之思也。昔西伯拘羑里，演《周易》；孔子厄陈、蔡，作《春秋》；屈原放逐，著《离骚》；左丘失明，厥有《国语》；孙子膑脚，而论兵法；不韦迁蜀，世传《吕览》；韩非囚秦，《说难》《孤愤》；《诗》三百篇，大抵贤圣发愤之所为作也。此人皆意有所郁结，不得通其道也，故述往事，思来者。"于是卒述陶唐以来，至于麟止。自黄帝始。

## 【注释】

① 本文作者(汉)司马迁。太史公：司马迁自称。　② 先人：指司马迁的父亲司马谈。　③ 壶遂：人名，西汉人，曾和司马迁一起参加制定太初历。　④ 董生：指汉代董仲舒。　⑤ 司寇：掌管刑狱的官。　⑥ 牝(pìn)牡(mǔ)：牝为雌，牡为雄。　⑦ 指：同"旨"。　⑧ 弑(shì)：古时称臣杀君、子杀父母曰"弑"。　⑨ 社稷：土神和谷神。　⑩ 有国者：当权者，指诸侯。　⑪ 守经事：处理通常情况下的事情。经，常。　⑫ 被之空言而不敢辞：遭受史官指责而不敢予以否认。被，蒙受，遭受。　⑬ 犯：指被臣下所干犯。　⑭ 唯唯，否否，不然：含有谦虚意思的应答反驳辞，相当于现代汉语的"是是，不不，不对"。唯唯，谦虚的应答之辞。否否，略微有所转折。　⑮ 三代：指夏、商、周三代。　⑯ 符瑞：吉祥的征兆。符，征兆。瑞，祥瑞。　⑰ 改正朔：修改历法。正，岁首。朔，月首。正朔，即一年的第一天。改正朔及下文的易服色都是重新接受天命的象征。　⑱ 易服色：更改服饰器物的颜色。指汉武帝按照五行相克的信仰，将汉朝开国时承袭秦朝的水德(崇尚黑色)改为土德(崇尚黄色)。

⑲ 穆清：指天。　⑳ 重（chóng）译款塞（sài）：重译，辗转翻译。款塞，叩国门。指外族前来通好。款，叩。　㉑ 堕：同"隳"，毁。　㉒ 整齐：整理，归纳。　㉓ 其文：承前文"请悉论先人所次旧闻"句。"其"指代先父司马谈；"其文"，指先父的遗稿。　㉔ 缧（léi）绁（xiè）：捆绑犯人的绳索，此指牢狱。　㉕ 深惟：深思。　㉖ 遂：表明，表达。

## ◀◀ 阅读导引 ▶▶

　　本篇是司马迁为《史记》所写序言的一部分，放在《史记》的末篇，从中可以了解他写作《史记》的过程和宗旨，是研究司马迁及其《史记》的重要资料。在文中，司马迁道出自己的胸襟和使命，抒发郁结其中的悲愤之情，表达他对现实的不满之意。司马迁在此文中运用了大量典故，委婉地袒露心志，在阅读中，需要借助注释及搜集相关背景资料，才能更好地理解蕴含其中的情感。

　　本篇在写作上采用对话形式，以婉转之词回环吞吐，借他人之口表达心意，情感真挚，论述明确。这类"主客问答"的手法，在文赋类作品中常见。

　　司马迁为什么要提及孔子著《春秋》的事？从与壶遂的辩论中，可以看出司马迁写《史记》的目的是什么？他为什么否认自己是创作，而认为是"整齐"？

# 西门豹治邺①

　　魏文侯时，西门豹为邺令②。豹往到邺，会长老，问之民所疾苦。长老曰："苦为河伯娶妇，以故贫。"豹问其故，对曰："邺三老③、廷掾④常岁赋敛百姓，收取其钱得数百万，用其二三十万为河伯娶妇，与祝巫⑤共分其余钱持归。当其时，巫行视⑥小家女⑦好者，云是当为河伯妇。即娉取⑧。洗沐之，为治新缯绮縠衣⑨，间居⑩斋戒⑪；为治斋宫河上，张缇绛帷⑫，女居其中，为具牛酒饭食，行十余日。共粉饰之，如嫁女床席，令女居其上，浮之河中。始浮，行数十里乃没。其人家有好女者，恐大巫祝为河伯取之，以故多持女远逃亡。以故城中益空无人，又困贫，所从来久远矣。民人俗语曰：'即不为河伯娶妇，水来漂没，溺其人民'云。"西门豹曰："至为河伯娶妇时，愿三老、巫祝、父老送女河上，幸⑬来告语之，吾亦往送女。"皆曰："诺。"

至其时，西门豹往会之河上。三老、官属、豪长者、里父老皆会，以人民往观之者三二千人。其巫，老女子也，已年七十。从弟子女十人所⑭，皆衣缯单衣，立大巫后。西门豹曰："呼河伯妇来，视其好丑。"即将女出帷中，来至前。豹视之，顾谓三老、巫祝、父老曰："是女子不好，烦大巫妪为入报河伯，得更求好女，后日送之。"即使吏卒共抱大巫妪投之河中。有顷，曰："巫妪何久也？弟子趣⑮之？"复以弟子一人投河中。有顷，曰："弟子何久也？复使一人趣之！"复投一弟子河中。凡投三弟子。西门豹曰："巫妪、弟子，是女子也，不能白事⑯，烦三老为入白之！"复投三老河中。西门豹簪笔磬折⑰，向河立待良久。长老、吏、傍观者皆惊恐。西门豹顾曰："巫妪、三老不来还，奈之何？"欲复使廷掾与豪长者一人入趣之。皆叩头，叩头且破，额血流地，色如死灰。西门豹曰："诺，且留待之须臾。"须臾，豹曰："廷掾起矣。状河伯留客之久，若皆罢去归矣。"邺吏民大惊恐，从是以后，不敢复言为河伯娶妇。

西门豹即发民凿十二渠，引河水灌民田，田皆溉。当其时，民治渠少烦苦，不欲也。豹曰："民可以乐成，不可与虑始⑱。今父老子弟虽患苦我，然百岁后期令父老子孙思我言。"至今皆得水利，民人以给足富。

【注释】

① 本文作者（西汉）褚少孙。　② 邺令：管理邺的官员。邺，故城在今河北临漳西南，南临漳水。　③ 三老：古代掌管教化的乡官。　④ 廷掾（yuàn）：县令的属官。　⑤ 祝巫：古时专以服事鬼神为职业的人。祝，替人向神求福的人；巫，降神代神说话的人。　⑥ 行视：到处物色。　⑦ 小家女：贫穷人家的女儿。　⑧ 娉取：即"聘娶"。娉，通"聘"。取，通"娶"。　⑨ 为治新缯（zēng）绮縠（hú）衣：为（她）缝制各种新的丝织品的花衣。治，做。缯，丝织品的总称。绮，有花纹的丝织品。縠，有皱纹的纱。　⑩ 间居：单独居住。　⑪ 斋戒：古人在祭祀前洁净身心以表示虔敬。　⑫ 张缇（tí）绛帷：挂起厚缯做的红帐幔。　⑬ 幸：希望。　⑭ 所：通"许"，表示约数。　⑮ 趣：通"促"，催促。　⑯ 白事：禀告事情。　⑰ 磬折：像磬的形状一样弯着腰，形容十分恭敬。　⑱ 民可以乐成，不可与虑始：百姓可同他们一起享受成功，不可与他们商量事情如何开始。

## 阅读导引

本文讲的是魏王派西门豹管理邺这个地方，西门豹巧施妙计，和群众一起破除迷信，兴修水利，带动当地经济发展的历史故事，刻画了一个为老百姓做好事、办实事的古代地方官的形象。文章按照事情发生发展的顺序，先写了西门豹到邺这个地方后，通过调查研究，弄清这里贫穷的原因；随后重点写了西门豹是怎样巧妙破除迷信的；最后略写西门豹发动老百姓兴修水利，使庄稼年年得到好收成。

西门豹胆识过人，谋略超群。他明知"为河伯娶媳妇"这一陋习由来已久，自己所面对的势力十分强大，不仅有恶势力的代表三老、廷掾与巫祝，而且还有被愚弄而并不觉悟的百姓。他从长老的谈话中了解到这一陋习对百姓为害最烈，便毅然决然地担负起了移风易俗的重任，主动地向恶势力发起挑战，并且战而胜之。如果没有必胜的信心与压倒一切的气概，是不可能进行这一场表面上看来力量对比如此悬殊的斗争的。但西门豹又不仅是个勇者，而且是个智者。

本文共分为三段，破除迷信部分占了两段，而兴修水利部分只占一段。这体现了什么特点？为什么如此行文？西门豹为什么不直接告诉大家河伯是不存在的？为什么不直接把主张为河伯娶亲的三老、廷掾、巫祝等人杀了？你觉得西门豹的做法巧妙在哪里？

# 谏太宗十思疏[①]

臣闻求木之长者，必固其根本；欲流之远者，必浚[②]其泉源；思国之安者，必积其德义。源不深而望流之远，根不固而求木之长，德不厚而思国之理，臣虽下愚，知其不可，而况于明哲乎！人君当神器之重[③]，居域中之大，将崇极天之峻，永保无疆之休[④]。不念居安思危，戒奢以俭，德不处其厚，情不胜其欲，斯亦伐根以求木茂，塞源而欲流长者也。

凡百元首[⑤]，承天景命[⑥]，莫不殷忧[⑦]而道著，功成而德衰。有善始者实繁，能克终者盖寡。岂取之易而守之难乎？昔取之而有余，今守之而不足，何也？夫在殷忧，必竭诚以待下；既得志，则纵情以傲物。竭诚则吴越[⑧]为一体，傲物则骨肉为行路[⑨]。虽董[⑩]之以严刑，振之以威怒，终苟免而不怀仁[⑪]，貌恭而不心服。怨不在大[⑫]，可畏惟人[⑬]；载舟覆舟[⑭]，所宜深慎。奔车朽索，其可忽乎！

君人者，诚能见可欲则思知足以自戒[⑮]，将有作[⑯]则思知止以安人，念高危则思谦冲而自牧⑰，惧满溢则思江海下百川⑱，乐盘游则思三驱以为度⑲，忧懈怠则思慎始而敬终⑳，虑壅蔽㉑则思虚心以纳下，想谗邪㉒则思正身以黜恶，恩所加则思无因喜以谬赏，罚所及则思无因怒而滥刑。总此十思，弘兹九德㉓，简㉔能而任之，择善而从之，则智者尽其谋，勇者竭其力，仁者播其惠，信者效其忠。文武争驰，在君无事，可以尽豫游之乐，可以养松、乔之寿㉕，鸣琴垂拱㉖，不言而化。何必劳神苦思，代下司职，役聪明之耳目，亏无为㉗之大道哉！

【注释】

① 本文作者(唐)魏征。　② 浚(jùn)：疏通水道。　③ 当神器之重：掌握帝王的重权。当，主持、掌握。神器，指帝位。　④ 休：喜庆，福禄。　⑤ 凡百元首：(历代)所有的帝王。凡百，所有的。　⑥ 承天景命：承受上天的重大使命。景，大。　⑦ 殷忧：深忧。殷，深。　⑧ 吴越：吴国和越国，春秋时彼此敌对的两个诸侯国。　⑨ 骨肉为行路：亲骨肉之间也会变得像陌生人一样。骨肉，指父母兄弟子女等至亲。行路，路人，比喻毫无关系的人。　⑩ 董：督察。　⑪ 终苟免而不怀仁：最终只是苟且免于刑罚，但是并不会怀念(皇上的)仁德。　⑫ 怨不在大：(臣民)对国君的怨恨不在于大小。　⑬ 可畏惟人：可畏惧的是人民(心怀怨恨)。人，本应写作"民"，因避皇上李世民之名讳而写作"人"。　⑭ 载舟覆舟：这里比喻百姓能拥戴皇帝，也能推翻他的统治。出自《荀子·王制》："君者舟也，庶人者水也。水则载舟，水则覆舟。"　⑮ 见可欲：见到(自己)贪图的东西。出自《老子》第三章"不见可欲，使民心不乱"。下文的"知足"(知道满足)"知止"(知道适可而止)，出自《老子》第四十四章"知足不辱"与"知止不殆"。　⑯ 作：建造，兴建。这里指大兴土木、营建宫殿苑囿一类事情。　⑰ 念高危则思谦冲而自牧：想到(君位)高而险，就要不忘谦虚，加强自身的道德修养。谦冲，谦虚。牧，养。出自《周易·谦卦》："谦谦君子，卑以自牧。"　⑱ 江海下百川：江海居于百川之下(而能容纳百川)，比喻有度量，善于听取各方面的意见。下，居于……之下。　⑲ 乐盘游则思三驱以为度：盘游，打猎取乐。三驱，据说古代圣贤之君在打猎布网时只拦住三面而有意网开一面，从而体现圣人的"好生之仁"。另一种解释为田猎活动以一年三次为度。　⑳ 敬终：谨慎地把事情做完。　㉑ 虑壅(yōng)蔽：担心(言路)不通受蒙蔽。壅，堵塞。　㉒ 想谗邪：考虑到(朝中可能会出现)谗佞奸邪。谗，说人坏话，造谣中伤。邪，不正派。　㉓ 弘兹九德：光大九种美德的修养。九德，指忠、信、敬、刚、柔、和、固、贞、顺。　㉔ 简：选拔。　㉕ 松、乔之寿：像仙人赤松子、王子乔那样的长寿。赤松子和王子乔都是古代传说中的仙人。　㉖ 垂拱：垂衣拱手，指不亲自处理政务。　㉗ 无为：道家主张清静虚无，顺其自然。

### 阅读导引

本文是魏征于贞观十一年写给唐太宗的奏章，意在劝谏太宗积其德义，居安思危，戒奢以俭。"疏"是古代臣子对帝王进言议事的文书，属议论文。全篇以"思"字作为行文的线索，脉络分明，条理清晰。文中多用比喻，把道理说得生动形象；并采用排比、对仗等手法，句式工整，文质兼美。文章多用对偶句式，却不受形式束缚，笔力雄健地阐明了居安思危和积德戒奢的道理，成为后世奏议类文章的典范。全文以论述为主，对同一问题，作者往往从正反两方面进行剖析，这样，说理更加透彻。

  选文开头举了树木、河流的例子有什么作用？如果太宗采纳了这些主张会得到怎样的结果？结合生活实际，用整散相结合的句式，写一写你理解的"居安思危"。

# 送李愿归盘古序①

  太行之阳有盘谷。盘谷之间，泉甘而土肥，草木丛茂，居民鲜少。或曰："谓其环两山之间，故曰'盘'。"或曰："是谷也，宅幽而势阻②，隐者之所盘旋。"友人李愿居之。

  愿之言曰："人之称大丈夫者，我知之矣。利泽施于人，名声昭于时。坐于庙朝，进退百官，而佐天子出令③；其在外，则树旗旄，罗弓矢，武夫前呵，从者塞途，供给之人，各执其物，夹道而疾驰。喜有赏，怒有刑。才畯④满前，道古今而誉盛德，入耳而不烦。曲眉丰颊，清声而便体⑤，秀外而惠中⑥，飘轻裾，翳长袖，粉白黛绿者，列屋而闲居，妒宠而负恃，争妍而取怜。大丈夫之遇知于天子、用力于当世者之所为也。吾非恶此而逃之，是有命焉，不可幸而致也。

  穷居而野处，升高而望远，坐茂树以终日，濯清泉以自洁。采于山，美可茹⑦；钓于水，鲜可食。起居无时，惟适之安。与其有誉于前，孰若无毁于其后；与其有乐于身，孰若无忧于其心。车服不维⑧，刀锯不加⑨，理乱不知，黜陟⑩不闻。大丈夫不遇于时者之所为也，我则行之。

  伺候于公卿之门，奔走于形势之途，足将进而趑趄⑪，口将言而嗫嚅⑫，处污秽而不羞，触刑辟⑬而诛戮，侥幸于万一，老死而后止者，其于为人贤不肖何如也？"

  昌黎韩愈闻其言而壮之，与之酒而为之歌曰："盘之中，维子之宫；盘之土，可以稼；盘之泉，可濯可沿；盘之阻，谁争子所？窈而深，廓其有容；缭而曲，如往而复。嗟盘之乐兮，乐且无央！虎豹远迹兮，蛟龙遁藏；鬼神守护兮，呵禁不祥。饮且食兮寿而康，无不足兮奚所望？膏⑭吾车兮秣吾马，从子于盘兮，终吾生以徜徉。"

【注释】

① 本文作者(唐)韩愈。愿，号盘谷子，唐时隐士，生平事迹不详。盘谷，在今河南济源北二十里，太行山的南面。　② 宅幽而势阻：位置偏僻而地势险要。宅，位置。势，地势。　③ 坐于庙朝，进退百官，而佐天子出令：在宗庙和朝廷参议国家大事，任免、升降百官，辅佐皇帝发号施令。进退，这里表示使动意义，使……进退，即任免、升降的意思。　④ 才畯：才能出众的人。畯，通"俊"。　⑤ 便(pián)体：轻盈的体态。　⑥ 惠中：聪慧的内心。惠，通"慧"。　⑦ 茹：吃。　⑧ 车服不维：没有官职的束缚。车服，古代官员所乘的车子和所穿的官服依官位的高低而异，这里是用车服来代指官职。维，束缚、约束。　⑨ 刀锯不加：刑罚不施于身。刀锯，古代刑罚中所用的刀和锯，这里泛指刑具。加，施加。　⑩ 黜(chù)陟(zhì)：官员的升降。黜，降职。陟，升职。　⑪ 趑(zī)趄(jū)：想往前走又不敢走的样子。　⑫ 嗫(niè)嚅(rú)：吞吞吐吐，欲言又止的样子。　⑬ 刑辟：刑法，法律。　⑭ 膏(gào)：油脂，这里用作动词，指用油润滑。

**阅读导引**

　　本篇是韩愈在贞元十七年写给好友李愿的赠序。李愿因对权贵不满而隐居于太行山的盘古。文中通过李愿之口讲了三种人，让"不可一世的权贵""洁身自爱的隐士"和"趋炎附势的小人"三种人都在文中亮相。于比较中，"得志之小人"与"不得志之小人"两边夹写，而隐居之高乃见。作者在写遇于时的"大丈夫"时，突出了权势和声威的炙手可热和不可一世；写趋炎附势之人时，突出了他们奔走权贵、伺候公卿的可叹可悲；写隐士时，突出了他们起居安适、无毁无忧的可贵可乐。这种写法，使隐居者心灵之高洁与小人灵魂之卑污，形成鲜明对照。若将隐居者与得志、不得志两种人分别比较，文章势必冗长、拖沓。这样将隐居者放在中间，作者的爱憎、褒贬之情态不言自明。

　　赠序是一种文体，古代送别各以诗文相赠，集帙而为之序的，称为赠序。以后凡是惜别赠言的文章，不附于诗帙的，也都叫赠序，如本文。赠序内容多推重、赞许、惜别或勉励之辞。韩愈写的赠序，内容丰富，多方面反映了他的思想见解，艺术上有很高成就。苏轼在其《东坡题跋》中说："余亦以为唐无文章，唯韩退之《送李愿归盘谷序》一篇而已。"

　　文章借李愿之口写了三种人，请分别概括他们的特点，并说说作者对他们的态度。谈谈文章最后一段的歌词内容与前文有什么样的内在联系？

# 童区寄传①

　　童寄者，郴州②荛牧儿③也。行牧且荛，二豪贼劫持反接④，布囊其口。去逾四十里之虚所卖之。寄伪儿啼，恐栗，为儿恒状，贼易⑤之，对饮，酒醉。一人去为市，一人卧，植刃道上。童微伺其睡，以缚背刃⑥，力下上，得绝，因取刃杀之。

　　逃未及远，市者还，得童，大骇，将杀童。遽⑦曰："为两郎僮，孰若⑧为一郎僮耶？彼不我恩⑨也。郎诚见完与恩⑩，无所不可。"市者良久计曰："与其杀是僮，孰若卖之？与其卖而分，孰若吾得专焉？幸而杀彼，甚善。"即藏其尸，持童抵主人所。愈束缚，牢甚。夜半，童自转，以缚即炉火烧绝之，虽疮⑪手勿惮⑫；复取刃杀市者。因大号⑬，一虚皆惊。童曰："我区氏儿也，不当为僮。贼二人得我，我幸皆杀之矣！愿以闻于官。"

　　虚吏⑭白⑮州⑯，州白大府⑰。大府召视儿，幼愿⑱耳。刺史⑲颜证⑳奇之，留为小吏，不肯。与衣裳，吏护还之乡。

　　乡之行劫缚者㉑，侧目莫敢过其门。皆曰："是儿少秦武阳㉒二岁，而讨杀二豪，岂可近耶！"

【注释】

① 本文作者(唐)柳宗元。童：儿童。区(ōu)寄：姓区名寄。　② 郴(chēn)州：今属湖南。一作"柳州"。陈景云《柳集点勘》经过考证，认为"'郴'当从《文苑》作'柳'"，并认为区寄的故事是柳宗元在永州听杜周士说的。　③ 荛(ráo)牧儿：打柴放牧的孩子。荛，打柴。　④ 反接：反背着手捆起来。　⑤ 易：意动用法，轻视，不在意。　⑥ 以缚背刃：把捆他的绳子靠在刀刃上。　⑦ 遽(jù)：急忙。　⑧ 孰若：何如，哪里比得上。　⑨ 不我恩：不好好对待我。　⑩ 郎诚见完与恩：你果真能保全我的性命并好好待我。完，保全。　⑪ 疮：通"创"，这里指烧伤。　⑫ 惮(dàn)：害怕。　⑬ 大号(háo)：大声呼叫，哭叫。　⑭ 虚吏：管理集市的官吏。　⑮ 白：报告。　⑯ 州：指州官。　⑰ 大府：指州的上级官府。大，通"太"。　⑱ 幼愿：年幼而老实。愿，老实。　⑲ 刺史：州的行政长官。　⑳ 颜证：唐代大臣和书法家颜真卿的从侄，曾任桂州刺史、桂管观察使。　㉑ 行劫缚者：专干绑架、抢东西的人。　㉒ 秦武阳：战国时燕国的少年勇士，他十三岁时就能杀强暴的人。

> **阅读导引**

　　本文记叙了少年区寄遇劫的经过,赞扬他善于抓住时机,沉着果敢地行动,表现出他机智勇敢的性格和不畏强暴的斗争精神。这篇文章语言简练,层次清楚,通过语言、动作描写表现人物性格,情节曲折跌宕,波澜起伏,引人入胜。多用短句,节奏明快而富于变化。

　　作者用异常精练、生动的语言,活灵活现地写出劫持和反劫持的曲折复杂,表现了区寄惊人的沉着、机智、勇敢和在强敌面前敢于斗争、善于斗争的优秀品质,揭示了强盗残酷、贪婪的恶行和貌似强大实质虚弱的特点。

　　结尾写"乡之行劫缚者"的言行,对塑造区寄形象有什么作用?如何理解区寄杀死第二个强盗后,"因大号,愿以闻于官"?自古英雄出少年,除了区寄,你能列举一个少年英雄的例子吗?

# 喜雨亭记①

　　亭以雨名,志喜也。古者有喜,则以名物,志不忘也。周公得禾,以名其书②;汉武得鼎,以名其年③;叔孙胜狄,以名其子④。其喜之大小不齐,其示不忘一也。

　　余至扶风⑤之明年⑥,始治官舍。为亭于堂之北,而凿池其南,引流种树,以为休息之所。是岁之春,雨麦⑦于岐山之阳,其占⑧为有年⑨。既而弥月不雨,民方以为忧。越三月,乙卯乃雨,甲子又雨,民以为未足。丁卯大雨,三日乃止。官吏相与庆于庭,商贾相与歌于市,农夫相与忭⑩于野。忧者以喜,病者以愈,而吾亭适成。

　　于是举酒于亭上,以属⑪客而告之,曰:"五日不雨可乎?"曰:"五日不雨则无麦。""十日不雨可乎?"曰:"十日不雨则无禾。""无麦无禾,岁且荐饥⑫,狱讼繁兴而盗贼滋炽。则吾与二三子,虽欲优游以乐于此亭,其可得耶?今天不遗斯民,始旱而赐之以雨,使吾与二三子得相与优游而乐于此亭者,皆雨之赐也。其又可忘耶?"

　　既以名亭,又从而歌之,曰:"使天而雨珠,寒者不得以为襦⑬;使天而雨玉,饥者不得以为粟。一雨三日,伊谁之力?民曰太守。太守不有,归之天子。天子曰不然,归之造物⑭。造物不自以为功,归之太空。太空冥冥⑮,不可得而名。吾以名吾亭。"

【注释】

① 本文作者（宋）苏轼。　② 周公得禾，以名其书：周成王的同母弟唐叔得一异禾：两禾生在不同的田亩上，而合生一穗。于是献给成王，成王送给周公。周公受禾后，作《嘉禾》一篇。《嘉禾》文已佚亡，今《尚书》仅存篇名。　③ 汉武得鼎，以名其年：汉武帝元狩七年（前117），得一宝鼎，于是将第二年改年号为元鼎元年。　④ 叔孙胜狄，以名其子：鲁文公派叔孙得臣抵抗北狄入侵，取胜并俘获北狄国君侨如。叔孙得臣遂更其子名为"侨如"。　⑤ 扶风：凤翔府，今陕西省凤翔县。　⑥ 明年：第二年。　⑦ 雨麦：麦苗返青时正好下雨。　⑧ 占：占卜。　⑨ 有年：年将有粮，引申为大丰收。　⑩ 忭：欢乐，喜悦。　⑪ 属：同"嘱"，意为劝酒。　⑫ 荐饥：连年饥荒。荐，一再，接连。　⑬ 襦：本意短衣，此处代表所有的衣服。　⑭ 造物：即天。　⑮ 冥冥：渺茫。

### 阅读导引

《喜雨亭记》是苏轼于宋仁宗嘉祐七年在凤翔府任签书判官时所作。他到任凤翔职事的第二年春夏之际，久旱不雨，庄稼受灾严重，不意连降三场雨，于是官吏庆贺，百姓欢跃。此时，官舍旁的亭子正好落成，作者喜极，便邀客于亭上作乐，并用"喜雨"名亭。本文通过对这件事的记叙，抒发作者关心农事、与民同乐的情怀。虽题为记亭，实则"喜""雨""亭"三者都记，而尤以"喜""雨"两字着墨较多，手法灵活，笔态风趣。

文章善于立意，巧于布局。本为官府内的亭子，作者却把它写得与百姓"忧""喜"相关，表现了作者同百姓忧乐与共的感情。为了表现"喜"，开头即说明"亭以雨名"是为了"志喜"，也是为了继承古代传统。后文叙写修亭的经过和官吏商贾农夫喜雨的情景，继而把喜雨和亭成联系起来。再进一步写自己和游客"乐于此亭者，皆雨之赐也"，与《醉翁亭记》有异曲同工之妙。最后以歌来颂雨之功作结，以昭其喜之浓烈。

全文围绕着"雨"这个中心，层层展开，结构严谨，层次清楚，句法灵活，融记叙、抒情、议论为一体，充分体现了苏轼散文行云流水、纵横恣肆的风格。文笔活泼，节奏轻快，又曲折自然，读来喜气动人。

明代学者杨慎评论本文，认为"此篇题小而语大"，结合原文，谈谈你对这句话的理解。

# 病梅馆记①

江宁②之龙蟠③，苏州之邓尉④，杭州之西溪⑤，皆产梅。或曰：梅以曲为美，直则无姿；以欹⑥为美，正则无景；以疏为美，密则无态。固也。此文人画士，心知其意，未可明诏大号⑦以绳⑧天下之梅也；又不可以使天下之民，斫直、删密、锄正，以夭梅病梅为业以求钱也。梅之欹、之疏、之曲，又非蠢蠢求钱之民能以其智力为也。有以文人画士孤癖之隐明告鬻⑨梅者，斫其正，养其旁条，删其密，夭其稚枝，锄其直，遏其生气，以求重价：而江浙之梅皆病。文人画士之祸之烈至此哉！

予购三百盆，皆病者，无一完者。既泣之三日，乃誓疗之：纵之顺之，毁其盆，悉埋于地，解其棕缚；以五年为期，必复之全之。予本非文人画士，甘受诟厉⑩，辟病梅之馆以贮之。

呜呼！安得使予多暇日，又多闲田，以广贮江宁、杭州、苏州之病梅，穷予生之光阴以疗梅也哉！

**【注释】**

① 本文作者(清)龚自珍。 ② 江宁：旧江宁府所在地，在今江苏南京。 ③ 龙蟠：山名。在南京市中山门外，又名钟山、紫金山。 ④ 邓尉：山名。在今江苏苏州西南。 ⑤ 西溪：小河名，在今浙江杭州西北。 ⑥ 欹(qī)：歪斜。 ⑦ 明诏大号：公开宣告，大声疾呼。明，公开。诏，告示。号，疾呼，喊叫。 ⑧ 绳：名词作动词，约束。 ⑨ 鬻(yù)：卖。 ⑩ 诟厉：侮辱，指责。

### 阅读导引

本篇又名《疗梅说》，是一篇讽刺性的政治小品。作者巧妙地运用了借喻的手法，托物言志，以梅议政，含意隽永。从表面上看，字字句句都是在讲梅花，没有一句题外的话，实际上却是以梅喻人，字字句句抨击时政，寓意十分深刻。作者借文人画士不爱自然健康的梅，而以病梅为美，以致使梅花受到摧残，影射统治阶级禁锢思想、摧残人才的丑恶行径。

文章短，但行文紧凑，层次清楚，从梅的产地、评梅的标准、夭梅者的心计、梅的境遇到疗梅的决心、行动、计划、感慨，层层深入，周密、充实地表现了文章的主题。文中用了不少整齐、简短的句式，铿锵遒劲，富于感情，读后使人感受到作者鲜明的爱憎和强烈的愿望，留下深刻的印象。

"托物言志"指用常见的、具体的、浅显的事物来讲抽象的、深刻的道理，"志"在"物"中，写的是"物"，实则是"志"。清朝封建统治者为了加强思想统治，奴役人民，一方面以八股取士，束缚人们的思想；另一方面大兴文字狱，镇压知识分子。龚自珍《咏史》这样写道："避席畏闻文字狱，著书都为稻粱谋。"这样的政治环境决定了龚自珍不能直接批判清朝统治者压抑人才、摧残人才的社会主题，只能用这种托物言志的曲笔来揭露时弊，大声呐喊，托梅议政，拯救人才。

阅读完后，请思考：为什么文章开头起笔先写梅的产地？目睹梅的病态，作者发出了"誓疗"的决心，作者是怎样疗梅的？具体措施怎样？

## 关于本书版权事宜的启事

本套读本中的选文,多数我们已取得了原作者的授权。部分选文的作者信息不详,敬请这些作者与我们联系,以便做出妥善处理。

**图书在版编目（CIP）数据**

"荟"阅读.九年级 下册/王意如主编；吴钟铭本册主编.—上海：上海教育出版社,2023.2
ISBN 978-7-5720-1805-3

Ⅰ.①荟… Ⅱ.①王…②吴… Ⅲ.①阅读课－初中－教学参考资料 Ⅳ.①G634.333

中国国家版本馆CIP数据核字(2023)第026531号

责任编辑　姚　岚
装帧设计　王　捷

HUI YUEDU
"荟"阅读——九年级下册
王意如　主编
吴钟铭　本册主编

出版发行　上海教育出版社有限公司
官　　网　www.seph.com.cn
地　　址　上海市闵行区号景路159弄C座
邮　　编　201101
印　　刷　上海昌鑫龙印务有限公司
开　　本　787×1092　1/16　印张 10
字　　数　184 千字
版　　次　2023年2月第1版
印　　次　2023年2月第1次印刷
书　　号　ISBN 978-7-5720-1805-3/G·1648
定　　价　29.80元

如发现质量问题,读者可向本社调换　电话：021-64373213